AF238596

BERNHARD TEICHFISCHER • SCHÖNE KOITEICHE

Bernhard Teichfischer

Schöne Koiteiche

2., überarbeitete Auflage

Dähne Verlag

Fotonachweis: Nicht namentlich gekennzeichnete Fotos sind vom Autor

Bibliografische Information der Deutschen Bibliothek
Die Deutsche Bibliothek verzeichnet diese Publikation in der Deutschen Nationalbibliografie; detaillierte bibliografische Daten sind im Internet über http://dnb.d-nb.de abrufbar.

ISBN 978-3-935175-79-1

© 2012 Dähne Verlag GmbH, Postfach 100250, 76256 Ettlingen

Alle Rechte liegen beim Verlag. Das gesamte Werk ist urheberrechtlich geschützt. Jede Verwertung außerhalb der Grenzen des Urheberrechtsgesetzes ist ohne Zustimmung des Verlages unzulässig und strafbar. Das gilt insbesondere für Vervielfältigungen, Mikroverfilmungen, die Einspeicherung und Verarbeitung in elektronischen Systemen sowie für Übersetzungen.
Alle Angaben in diesem Buch sind sorgfältig geprüft und geben den neuesten Wissensstand wieder. Eine Garantie kann dennoch nicht übernommen werden. Eine Haftung des Verfassers oder des Verlages für Personen-, Sach- oder Vermögensschäden ist ausgeschlossen.

Druck: Freiburger Graphische Betriebe
Printed in Germany

Inhalt

Einleitung zur 1. Auflage

Ich gratuliere meinen Freunden Bernhard und Ingeborg Teichfischer zu der Idee, ein solches Buch zusammenzustellen. Es ist ein Spiegel der derzeitigen Koihaltung, besonders in Deutschland, und

es zeigt die positive Entwicklung der vergangenen Jahre, die sich auch in der Mitgliederzahl des KLAN (Koiliebhaber am Niederrhein) wiederspiegelt.

Nicht unwesentlich haben sicher auch Bernhard Teichfischers vorangegangene Bücher „Farbkarpfen", „Koi in den schönsten Wassergärten", „Nishikigoi – faszinierendes Hobby Koi" und „Zauber asiatischer Wassergärten – japanische und chinesische Gärten für Koi" zu dieser allgemeinen Entwicklung beigetragen. Das Buch „Farbkarpfen" war zur damaligen Zeit (1988) das erste umfangreiche deutschsprachige Koibuch und damit Leitfaden für die ersten Koiliebhaber Deutschlands. Das darauffolgende Buch „Koi in den schönsten Wassergärten" ist besonders für Anfänger geeignet und dem Buch „Nishikigoi – faszinierendes Hobby Koi" muss bescheinigt werden, dass es zur Zeit eines der besten Koibücher ist.

In dem vorliegendem Werk werden 150 Koianlagen beschrieben und mit Fotos vorgestellt. Besonders wichtig sind dabei die Details beim Bau von Koiteichen und Filtern sowie die Erfahrungen der Teichbesitzer mit ihren Anlagen. Dadurch haben die Leser die Möglichkeit, die Koihaltung anderer mit ihrer eigenen zu vergleichen.

Für Anfänger ist dieses Buch besonders wertvoll. Sie können hier die verschiedenen Methoden kennenlernen, sich ein eigenes Urteil bilden und entscheiden, welchen Weg der Koihaltung sie einschlagen möchten. Außerdem können sie durch die vielen Fotos Ideen sammeln, wie sie ihre eigene Anlage gestalten möchten.

Ich wünsche den Autoren viel Glück und Erfolg mit diesem Buch und den Lesern viel Freude und ein genussreiches Studium.

Dr. Dieter Hannen
Gründer und Geschäftsführer des KLAN

6

Vorwort und Danksagung zur 1. Auflage

Kaum jemand kann sich der Faszination Koi entziehen, und daher begeistern sich immer mehr Menschen für diese schönen Fische. Irgendwo sieht man sie zum ersten Mal, vielleicht bei Freunden, bei einem Koihändler oder auch in einer öffentlichen Gartenanlage. Durch ihre Farbenpracht und ihr oft sehr zutrauliches Verhalten ziehen die Koi sofort die Aufmerksamkeit auf sich, zahme Koi lassen sich sogar aus der Hand füttern und streicheln. Sie wachsen dem Pfleger ans Herz, was den möglichen Verlust oft sehr schmerzhaft macht.

Bei überstürztem Einkauf, geringen oder keinen Kenntnissen in der Fischhaltung und schlechter Unterbringung ohne Gewährleistung geeigneter Wasserqualität ist aber ein Verlust oft nicht abzuwenden.

Deshalb sei jedem, der mit dem Gedanken an die Anschaffung von Koi spielt, dringend empfohlen, sich vor dem Erwerb eingehend mit der zukünftigen Materie zu befassen. Das geschieht am besten durch das Studium guter Fachliteratur und den Besuch erfahrener Koibesitzer. Eine äußerst wertvolle Hilfe ist der Beitritt in einen Koiverein, der vielfältige Hilfeleistung durch Vermitteln von Adressen und durch Erfahrungsaustausch der Mitglieder untereinander geben kann.

Koiteiche im deutschsprachigen Raum sind selten älter als 15 Jahre, oft sogar wesentlich jünger. Deshalb sind die Erfahrungen der Koiteichbesitzer noch relativ jung, und die Zeit des Experimentierens ist für viele noch lange nicht abgeschlossen. Erfolge und Misserfolge wechseln miteinander ab. Das betrifft vor allem das unmittelbare Lebensmilieu der Koi, das Wasser. Man stellt fest, dass oft sogar gut durchdachte Details, wie Filter, nicht so arbeiten, wie man sich das vorgestellt hat, und sucht deshalb nach anderen, effektiven Lösungen. Oft werden auch grundsätzliche Fehler gemacht, wie beispielsweise:

- Überbesatz,
- Überfütterung,
- Einsetzen neuer Fische ohne vorherige Quarantäne,
- Verwendung zu kleiner und deshalb ungenügend arbeitender Filter,
- Ungünstige Strömungsverhältnisse im Teich,
- Ungeeignete Überwinterung.

Oft gibt es unansehnliche oder unzweckmäßig angelegte Gartenteiche, in denen Koi gehalten werden. Schon am Rand dieser Teiche erkennt man manchmal, mit welchen Unkenntnissen die Besitzer an die Teichanlage herangegangen sind: Die Teiche sind häufig zu klein und zu flach, ohne gute und genügend große Filterung und ohne andere wichtige, technische Hilfsmittel. So ist die optische und chemische Wasserqualität meistens schlecht. Für Anfänger in der Fischhaltung – und das sind die meistender neuen Koiliebhaber – führen diese Kriterien früher oder später zum totalen Fischverlust.

Heute findet man aber vielfach schon sehr schöne und zweckmäßige Koianlagen, und viele Koiliebhaber haben eigene Wege gefunden, um ihre Tiere weitgehend problemlos zu pflegen und auf Dauer gesund zu erhalten. In diesem Buch werden deshalb eine Anzahl dekorativer und repräsentativer Koiteiche aus verschiedenen Ländern anhand von Fotos mit möglichst vielen technischen Parametern vorgestellt. Das betrifft besonders die Gestaltung, Filterung, Belüftung, Frischwasserzufuhr, Besatzdichte und vieles Andere. Dabei fließen die Erfahrungen der Anlagenbesitzer mit ein. Allerdings ist es uns nur möglich, das mitzuteilen, was wir von den Besitzern in Erfahrung bringen konnten, ohne eine persönliche Wertung abzugeben. Natürlich ist der Geschmack der einzelnen Teichbesitzer sehr verschieden, und über den lässt sich bekanntlich

nicht streiten. Wir sind uns sicher, dass unsere Leser aus all den vielen Details Wertvolles für ihre eigene Koihaltung entnehmen können und wünschen deshalb allen viel Freude beim Studium dieses Buches und viel Erfolg bei der eigenen Koihaltung.

Allen Koifreunden, die uns bereitwillig ihre Anlagen zeigten, fotografieren ließen und uns uneingeschränkt Auskunft gaben, möchten wir hiermit nochmals recht herzlich danken. Wir wurden überall sehr freundlich empfangen, und es war uns eine Freude, auch viele neue Koifreunde kennenzulernen.

Vielen Dank den Koi- und Teichfirmen, die wertvolle Hilfe beim Auffinden schöner Koianlagen leisteten und uns teils persönlich zu deren Besitzern führten oder uns Fotos der von ihnen gestalteten Anlagen schickten. Dank auch allen anderen, die uns Fotos ihrer Teich- und Gartenanlagen für dieses Buch zur Verfügung stellten.

Wir danken unserem Freund Dr. Dieter Hannen, Gründer und Geschäftsführer des KLAN, für die Durchsicht des Manuskripts und die einleitenden Worte. Lutz Bohlmann danken wir für die Durchsicht des Abschnittes „Zusammenfassung und Erklärung der im Text vorkommenden Fachbegriffe, technischen Geräte und Zubehör".

Last but not least besten Dank an den Dähne Verlag, der dieses Buch in gewohnt guter Qualität publizierte.

Weinböhla, im Herbst 2003
Bernhard und Ingeborg Teichfischer

Vorwort zur 2. Auflage

Die erste Auflage unseres Buchtitels „Schöne Koiteiche" wurde von unseren Lesern gut angenommen und fand allgemein großes Interesse, so dass nun eine zweite Auflage folgen soll.

Leider ist 2006 meine Frau verstorben. Sie war mit mir über 50 Jahre verheiratet und mir stets eine kompetente Stütze. Jetzt fehlt sie mir sehr. In Gedenken an sie widme ich ihr diese 2. Auflage.

Die Neubearbeitung möchte ich zusammen mit dem Verlag durch ein größeres Buchformat noch attraktiver gestalten. Gleichzeitig sollen neue Anlagen eingebracht und optisch schlechte durch schönere ersetzt werden.

Ich möchte allen erneut Dank sagen, deren Anlagen ich fotografieren durfte, bzw. die mir Fotos für die Veröffentlichung geschickt haben.

Ebenfalls allen Bildautoren meinen besten Dank. Ganz besonders danke ich meinen Freunden Horst Reiter, Mike Harvey und Sebastian Quillmann, die für mich verschiedene Koianlagen fotografiert haben.

Grob gesehen lassen sich die hier vorgestellten Koiteiche einteilen in:

- **Schöne, öffentliche Koiteiche**, die meistens wegen ihrer Größe ohne wesentliche technische Einrichtungen zum Erhalt der Wasserqualität auskommen,
- **Private Koiteiche im asiatischen, meist im japanischen Stil,**
- **Private Koiteiche in anderen schönen Gartenanlagen,**
- **Private, formale Koiteiche**, die allerdings selten schön sind,
- **Innenteiche.**

Prinzipiell kann man Koi in den verschiedensten Teichen halten, wenn sie die Lebensbedingungen dieser Fische erfüllen. Das sind:

- Ein ausreichendes Wasservolumen von mindestens 1 m³ Wasser pro Fisch. Aber nur, wenn der Teich mit vielen technischen, die Wasserqualität erhaltenden Einrichtungen versehen ist. Man sollte keinesfalls die hohen Besatzdichten der professionellen Karpfenaufzucht anstreben.
- Parameter wie Sauerstoffgehalt, pH-Wert, Wasserhärte, Wassertemperatur u.a.. Siehe hierzu z.B. „Koi in den schönsten Wassergärten" von B. Teichfischer.
- Eine ausreichende Teichtiefe von mindestens 1,50 bis 2,00 m wegen sicherer Überwinterung. Japaner, die Erfolge auf Ausstellungen erringen wollen, sagen, der Teich müsse dreimal so tief sein, wie die Fische groß werden sollen. Diese Leute streben Teichtiefen von 3 bis 5 m an.

Glasklares Teichwasser, wie es von den meisten Koiliebhabern angestrebt wird, macht natürlich einen großen Teil der Schönheit eines Koiteiches aus: Die Koi sind jederzeit gut zu sehen.

Ist das glasklare Wasser aber für die Koi wirklich wichtig? Das muss man verneinen, denn Koi, wie auch ihre Stammform, die Karpfen, gründeln, wodurch das Wasser in einem Teich mit natürlichem

Bodengrund ständig trüb ist. Karpfen und auch Koi lieben solch trübes Wasser, denn so fühlen sie sich von oben her vor Fressfeinden, wie z.B. Greifvögeln geschützt. In trübem (nicht mit Stoffwechsel-Abbauprodukten belastetem) Wasser haben Koi weniger Stress, fressen und wachsen besser und entwickeln oft auch intensivere Farben. Das macht man sich besonders in Japan zunutze. Dort werden Koi, die auf Ausstellungen gute Preise erzielen sollen, möglichst lange in sogenannten Mudponds (Schlammteichen) gehalten.

Ich hoffe, dass ich mit diesem Buch vielen Koiliebhabern wertvolle Anregungen für ihren eigenen Koiteich geben kann.

Man denke aber stets daran:
„Auch hundert gute Ratschläge vermögen ein Paar geschickte und erfahrene Hände nicht zu ersetzen."
Fernöstliche Weisheit

Weinböhla im Frühjahr 2012
Bernhard Teichfischer

Koi im öffentlichen Leben

Schon im alten China waren Fische ein Symbol für Glück. Das hat sich auf andere asiatische Länder übertragen, deshalb war und ist es üblich, Fische in Behältern oder im Teich zu halten, oder mindestens ein Bild von Fischen aufzuhängen, oft sieht man es an der Haustür. Natürlich bringen wertvolle Tiere, wie seltene und teure Goldfisch-Zuchtformen, Arowana oder auch Koi, mehr Glück als unscheinbare, kleine.

Koi genießen in Japan und vielen anderen Ländern Asiens große Verehrung: Der Koi gilt als der Fisch des Kriegers und symbolisiert Mut und Tapferkeit. Das wird davon abgeleitet, dass Karpfen mutig gegen die Strömung schwimmen und auch Stromschwellen überwinden. Gleichzeitig sind sie aber auch ein Symbol für Liebe, große Stärke, Männlichkeit und Glück. So spielen Koi zum Tag des Knaben (heute Tag des Kindes) am 5. Mai in Japan alljährlich eine große Rolle. An diesem Tag wird die Geburt eines jeden Sohnes in der Familie durch Fliegenlassen eines Nibori kundgetan. Diese Nibori (Stoffbeutel in Karpfenform) können teils gewaltige

Ausmaße haben, sind mit dem Maul an einem Pfahl befestigt und entsprechen in ihrer Funktion den bei uns windrichtungsanzeigenden Windsäcken.

Aber mit den Koi sind noch viele weitere Traditionen verbunden: Die Koi begleiten die Japaner durch ihr ganzes Leben. Schon bei der Geburt eines Kindes werden Koi verschenkt. Und wenn zum Beispiel ein Student sein Examen abgeschlossen hat, setzt er einen Koi in den örtlichen Fluss. Das symbolisiert für den jungen Mann eine gute Zukunft und verleiht ihm Stärke in Körper und Seele, um gegen das Leben „anschwimmen" zu können.

So findet man Koi als Glücksbringer in allen Lebenslagen: In öffentlichen Gärten und Parks, in Tempeln, in und bei Einkaufszentren und Geschäften, bei Banken, in Schulen, in Gaststätten und Hotels, ja selbst in Friedhöfen auf Gräbern.

oben:
Tempelteich in Tsuwano/Japan

rechts:
Koiteich im Lung-Shan-Tempel in Taipei/Taiwan

12

❶ Koiteich bei einer Gaststätte in Taipei/Taiwan

❷ Koiteich beim Grandhotel in Taipei/Taiwan

❸ Tempelteich mit Koi nahe Taipei/Taiwan

❹ Koiteich im Kaju-ji in Kyoto/Japan

❶ Koiteiche im Ala-Moana-Einkaufszentrum in Honolulu/Hawaii

❷ Koianlage in einem Einkaufszentrum in Waikik Honolulu/Hawaii

❸ Japanischer Garten in Long Beach/Kalifornien

❹ Koiteich im Hilton-Hotel in Honolulu/Hawaii

❺ Koiteich im Moanalua Garden in Honolulu/Hawaii

❻ Koiteich im CKS-Gedächtnispark in Taipei/Taiwan

14

links: Städtischer Koiteich in Taichung/Taiwan

rechts: Koiteich bei einer Gaststätte in Kyoto/Japan

links: Japanischer Garten in Fresno/Kalifornien

rechts: Koiteich beim Pagoda-Hotel in Honolulu/Hawaii

❶ Berühmter Park in Kumamoto/Japan

❷ Nachgestaltes thailändisches Dorf mit Koiteich im Papageienpark (Teneriffa)

❸ Koiteich vor einem Bankhaus in Taipei/ Taiwan

❹ Koiteich in einer Schule in Südtaiwan. Jeder Schüler bringt bei seinem Schuleintritt einen Koi mit, den er in diesen Teich setzt.

Koiteich auf dem Dach eines Hochhauses in Honolulu/Hawaii

links: Koiteich in einer Gaststätte in Südtaiwan

rechts: Koiteich auf einem Grab in Taipei/Taiwan

Koi im Schaufenster

Ort:	Oberdorf (Schleswig-Holstein)
Teichoberfläche:	50 m²
Teichvolumen:	60 m³
Teichform:	sechseckig
Tiefe:	2,20 - 2,50 m
Abdichtung:	1 mm EPDM-Folie
Bodenabläufe:	2
Skimmer:	1
Filterung:	2 Nexusfilter mit Answereinheit, Pflanzenfilter
Sonstiges:	110 W UV-C-Lampe, 10% Wasserwechsel/Woche Im Winter beheizt mit 42 KW-Wärmetauscher von der Hausheizung
Besatz:	40 Koi von 50 bis 100 cm

André Anders hat seit seiner Kindheit großes Interesse an Gartenteichen. Am Grundstückseingang wird man bereits von einem wunderschönen Detail im japanischen Stil empfangen. Die Anlage besteht aus drei Teichen.

2003 wurde ein Koiteich direkt im Anschluss an den Wintergarten gebaut. Seine Form ist sechseckig, die übererdigen Umfassungsmauern sind mit Sitzbrettern versehen, sodass man sich darauf setzen und in aller Ruhe die Koi beobachten kann. Unterbrochen wird die Umfassungsmauer von einer längeren Sichtscheibe, die es ermöglicht, die Koi auch von der Seite zu sehen. Ein Holzsteg zwischen diesem Teich und einem etwas kleineren Biotopteich erweckt den Eindruck, als wären beide Teiche verbunden. Auch der zweite Teich (großes Foto) besitzt eine seitliche Sichtscheibe, die wie ein Schaufenster wirkt.

Zwillingsteich

Ort:	Neusörnewitz (Sachsen)
Teichvolumen:	insgesamt 22 m³
Teichform:	2 x rechteckig
Tiefe:	1 m
Abdichtung:	GFK-Fertigteiche
Bodenabläufe:	0
Skimmer:	0
Filterung:	2 x Biotec 10 mit Aquamax 5500, integriert ist je eine 25 W UV-C-Lampe
Sonstiges:	Das verdunstete Wasser wird durch Leitungswasser ersetzt.
Besatz:	24 Koi von 25 bis 50 cm

Uwe Kettner pflegte schon 1994 seinen ersten Gartenteich, in dem sich damals Goldfische, aber auch einige Koi befanden. Der Bau der jetzigen Anlage begann mit dem Eingraben des ersten Fertigteichs im Jahr 1997. Es ist der hintere Teich der heutigen Teichanlage. 2001 kam der zweite Fertigteich hinzu. Über die Trennung der beiden Teiche schwingt sich heute eine Bogenbrücke, die den Eindruck vermittelt, als handele es sich um einen ganzflächigen Teich.

Die Koi wurden bisher problemlos im Teich überwintert, der während dieser Zeit mit einem Eisfreihalter und einem Luft-Ausströmer auf halber Teichtiefe ausgestattet wird. Wie sich die Anlage entwickelt, wenn die Koi weiter wachsen, wird sorgfältig beobachtet. Möglicherweise werden beide Teiche später einmal durch einen Überlauf miteinander verbunden, um die Gesamtwassermasse zu erhöhen und für stabilere Wasserwerte zu sorgen.

Koiteich in der Sächsischen Schweiz

Ort:	Königstein (Sachsen)
Teichform:	liegende Acht
Teichoberfläche:	60 m²
Teichvolumen:	35 m³
Tiefe:	1,40-2,00 m
Abdichtung:	2 mm PVC-Folie
Bodeneinläufe:	0
Skimmer:	1
Filterung:	1 Oase- und 1 Cheopsfilter. Gefiltertes Wasser fließt über einen Wasserfall und einen Bachlauf zum Teich zurück.
Sonstiges:	1 Hiblow mit 6 Ausströmern, 1 UV-C-Lampe 75W, Im Winter erwärmt eine Bodenheizung aus 100 m PVC-Schlauch den Teich.
Besatz:	24 Koi von 30 bis 42 cm

In den 1996 von Jürgen und Heidi Dunsch gebauten Goldfischteich kamen 2003 einige Koi hinzu. Dadurch wurde der Teich zu klein, und so bestellte Jürgen in Abwesenheit seiner Frau einen Bagger und ließ den Teich wesentlich vergrößern. Tagelang war ihm seine Frau deshalb böse. Es zählte aber das Ergebnis, und sie fand den Teich letztlich doch sehr schön. Noch war er mit 1,00 bis 1,40 m sehr flach. Das wurde 2007 geändert. Jetzt ist er 1,40 bis 2,00 m tief und die nunmehr dritte PVC-Plane ist 2 mm dick.

Über die schmalste Stelle des Teiches spannt sich eine asiatisch anmutende Bogenbrücke aus Holz. Der Teichrand ist vorn und seitlich mit Steinen unterschiedlicher Größe und hinten mit Sumpfpflanzen gestaltet.

Yoga-Oase

Ron und Carolin besitzen diesen schönen Koigarten im japanischen Stil, der im Jahr 2003 größtenteils in Eigenleistung erstellt wurde. Ron obliegt die Pflege des Gartens, Yoga-Lehrerin Carolin hält hier ihre Kurse ab. Der Teich bildet mit dem Garten eine beeindruckende Einheit. Das Ufer besteht aus großen, gesetzten Natursteinen mit harmonisch eingefügter Bepflanzung. Einige Steinfiguren wirken als Blickfänge. Ein langer Holzsteg führt seitlich über den ganzen Teich. Der Rohbau der Uferbegrenzung besteht aus einer Wand gemauerter und ausgegossener Hohlblocksteine, die, wie der betonierte Boden, mit Styroporplatten beklebt ist. Eine Absorberanlage auf dem Dach versorgt den Teich mit warmem Wasser. Die Koi überwintern ohne Zusatzheizung bei teilweiser Abdeckung mit Styroporplatten.

Ort:	Schleswig-Holstein
Teichvolumen:	35 m³
Teichform:	herzförmig
Tiefe:	2,00 – 2,20 m
Abdichtung:	1 mm EPDM-Folie
Bodenabläufe:	2
Skimmer:	2
Filterung:	Vortex & Kleeblattfilter,
Sonstiges:	200 W UV-C-Lampe, Automatisches Wasserzufuhrsystem füllt Verdunstungs- und Filterreinigungsverluste auf.
Besatz:	25 Koi von 40 bis 70 cm

23

Attraktion im Bonsaigarten

Ort:	Libčany (Tschechien)
Teichform:	unregelmäßig oval
Teichfläche:	ca. 15 m²
Teichvolumen:	ca. 20 m³
Tiefe:	max. 2 m
Abdichtung:	1 mm PVC-Folie
Bodeneinläufe:	1
Skimmer:	1
Filterung:	Vortex & Dreikammer-Filter, Pumpleistung 12 m³/h,
Sonstiges:	Durchlüftungspumpe 1300 l/h, UV-C-Lampe 55W, 8 m langer Bachlauf mit Wasserfall. Im Winter hält ein 6 KW-Elektroheizer die Temperatur.
Besatz:	28 Koi von 20 bis 90 cm

Der bekannte tschechische Bonsaigärtner Jaroslav Pišl ist seit 1998 Koiliebhaber. Er hat seinen 1000 m² großen Bonsaigarten in Hanglage im asiatischen Stil gestaltet. Sehr einladend ist ein Sitzplatz nach chinesischem Vorbild mit einem im Frühjahr zauberhaft blühenden, japanischen Kirschbaum. Die größte Attraktion ist aber der an der höchsten Stelle des Gartens angelegte Koiteich mit achteckigem Pavillon. Von hier hat man einen fantastischen Überblick über den Garten und die Umgebung.

Es verwundert nicht, dass viele Busse hier Station machen, Touristen, die die Bonsaigärtnerei besuchen und dort einkaufen.

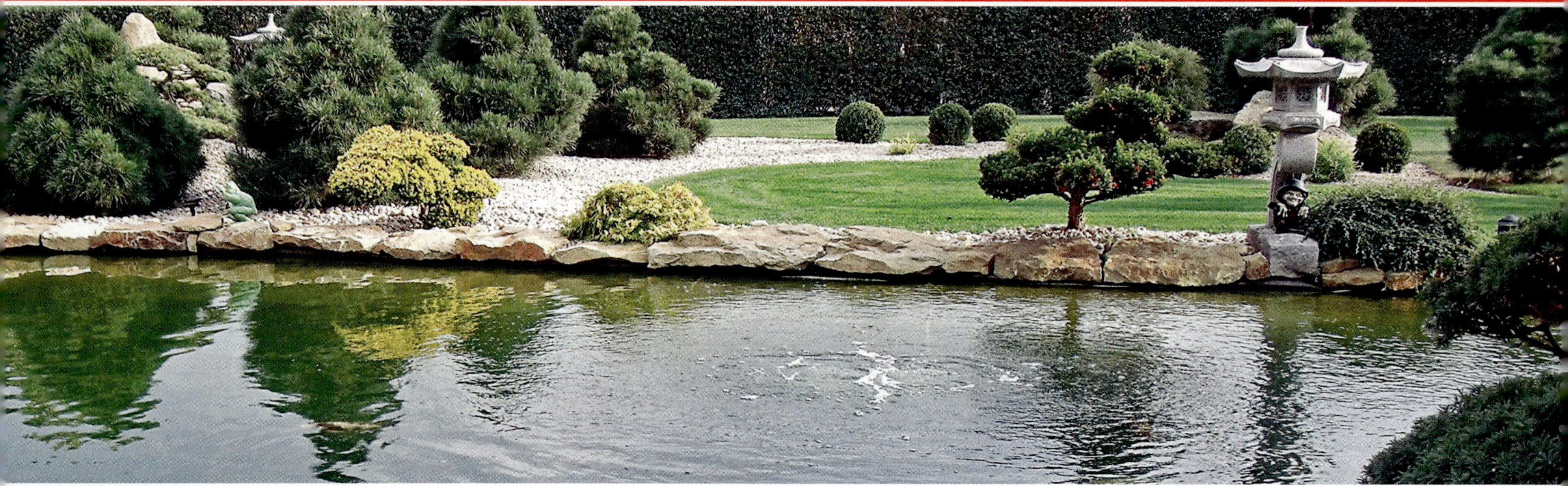

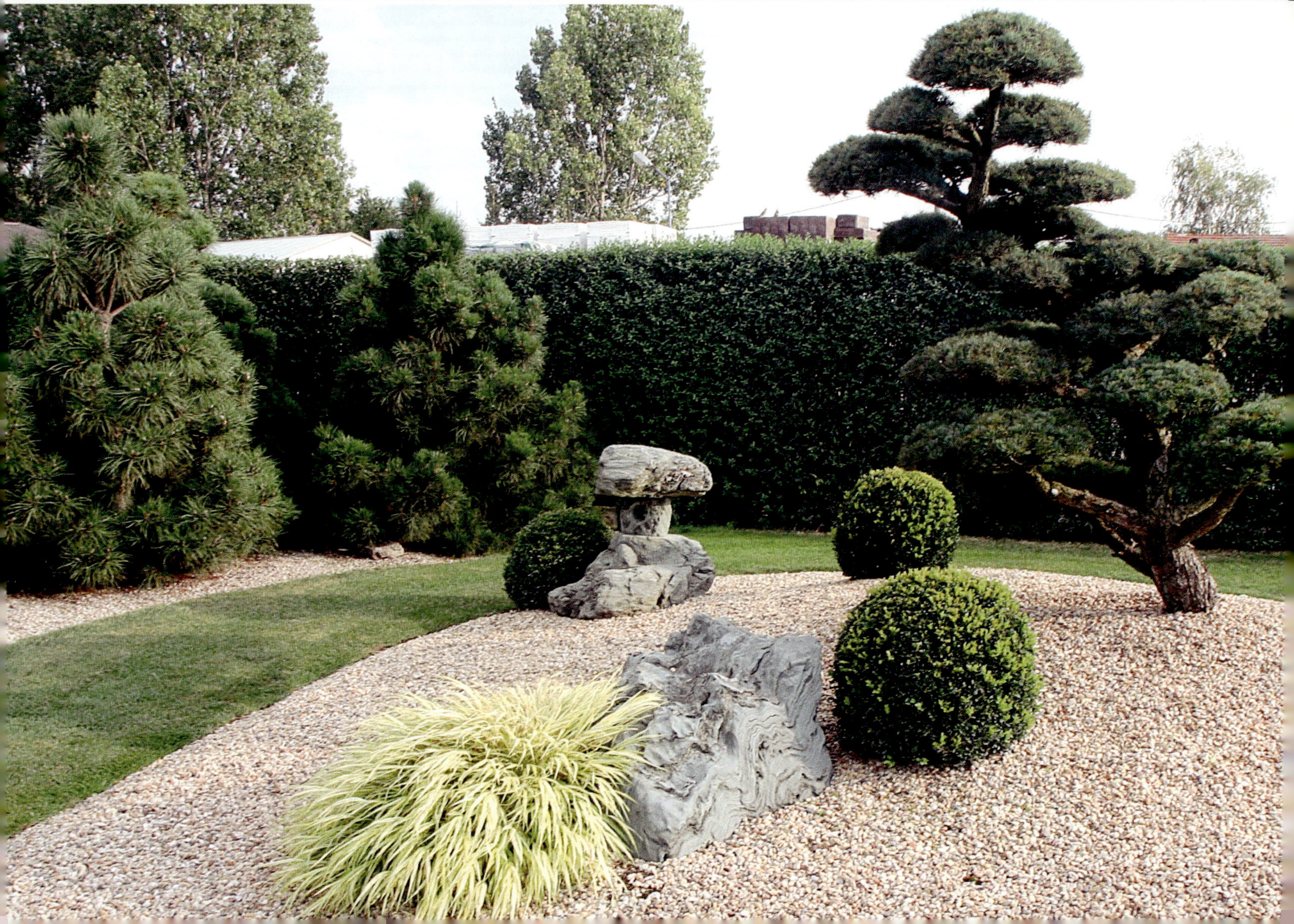

Koi-Juwel

Bauunternehmer Jiři Školnik begann 2002 mit dem Bau dieser Anlage. Im Laufe der Zeit wurde sie dann zu einem wahren Schmuckstück. Große Kiesinseln mit Laternen und riesigen Steinen in einer sehr gepflegten Rasenfläche bilden beeindruckende Blickfänge. Von einem Pavillon am Teich kann man die Koi und die gesamte Anlage in aller Ruhe betrachten. Die Koi-Nachzuchten in einem separaten kleinen Teich können bequem von einer dekoratioven Sitzgruppe aus betrachtet werden. Über einen Wasserfall mit anschließendem Bachlauf fließt das Filterwasser wieder dem Koiteich zu.

Ort:	Mestec Kralove (Tschechien)
Teichform:	großflächig oval
Teichvolumen:	72 m³
Tiefe:	max. 1,80 m
Abdichtung:	1 mm PVC-Folie
Bodeneinläufe:	1
Skimmer:	1
Filterung:	Vortex und Vierkammer-Filter
Sonstiges:	Das gefilterte Wasser läuft über einen Wasserfall und Bachlauf dem Teich wieder zu.
Besatz:	40 Koi von 20 bis 80 cm

Hobbys gekonnt vereint

Ort:	Hartha bei Döbeln (Sachsen)
Teichoberfläche:	80 m²
Teichform:	abgerundetes Rechteck
Tiefe:	0,50 – 2,00 m
Abdichtung:	Kunststoffplane
Bodeneinläufe:	0
Skimmer:	1
Filterung:	1 Nexusfilter
Sonstiges:	Im Winter wird der Teich mit Plastikkugeln abgedeckt.
Besatz:	25 Koi von 30 bis 45 cm

Das spezielle Hobby von Jörg Schwingenschlögl sind kleinbleibende Koniferen aus den Hochgebirgen. Viele haben eine kaum sichtbare Größe und wachsen auf einer Erdfläche zwischen Gesteinssplit. Als optische Auflockerung findet man Steinfiguren und Steinlaternen. Eine große Fläche des Gartens nimmt der Koiteich ein. Er entstand aus einem Swimmingpool, für den wegen der allgemein zu kalten Witterung keine Verwendung mehr bestand. Deshalb wurde auf drei Seiten des Swimmingpools durch Ausheben des Erdreichs eine Flachwasserzone geschaffen, in der nach Einbringen einer großen, ganzflächigen Kunststoffplane über Pool und Flachwasserzone jetzt Sumpfpflanzen wachsen, die als Pflanzenfilter wirken.

Leider lockt dieser flache Bereich auch die Reiher an, sodass darüber ein grobes Netz gespannt werden musste.

28

Heilendes Wasser

Wie wichtig ein schön gestalteter Wassergarten für die Psyche der Menschen ist, kann man hier in der Klinik für Tumorbiologie in Freiburg i. Breisgau beobachten.

Selbst schwerkranke Patienten finden Ruhe und Entspannung und vergessen vielleicht während dieser Zeit ihr Leid. Liegestühle an dem großen Teich ermöglichen ein ungestörtes Beobachten der Natur. Viele blühende Pflanzen am und im Teich sowie das leuchtende Rot der sich stark vermehrenden Goldfische ziehen die Blicke auf sich. Daneben gibt es auch noch einige Koi.

Ort:	Freiburg (Baden-Württemberg)
Teichoberfläche:	ca. 150 m²
Tiefe:	nur 1 m, das reicht aus für den wärmsten Teil Deutschlands
Abdichtung:	2 mm PVC-Folie
Filterung:	Das Wasser wird mit einer Pumpe in einen Vorfluter gedrückt, hier setzt sich der Schmutz ab, das Wasser fließt über einen 3 m breiten Wasserfall in den Teich zurück und reichert es dadurch mit Sauerstoff an.

Geschickte Ufergestaltung

Ort:	Meißen (Sachsen)
Teichoberfläche:	45 m²
Teichform:	unregelmäßig rechteckig
Tiefe:	1,60 m
Abdichtung:	GFK
Bodeneinläufe:	3
Skimmer:	3
Filterung:	Trommelfilter & Kaldnes-kammer
Sonstiges:	2 UV-C 55 W, 2 Wasserfälle. Die Koi überwintern ohne besondere Vorkehrungen, nur ein Eisfreihalter wird eingesetzt.

Das Ehepaar Holm und Anette Panitz pflegt schon seit 2002 Koi. Damals war der Koiteich zwar sehr groß, aber im Vergleich zu heute unattraktiv und wenig interessant. Inzwischen wurden der Garten und die neue Koianlage ohne Zweifel außergewöhnlich ansprechend gestaltet. In die ursprüngliche Rasenfläche des sehr großen Grundstücks wurde ein schöner und sehr großer Seerosenteich angelegt.

Der jetzige Koiteich mit geschickter Ufergestaltung aus großen Kalksandsteinen und einem Wasserfall befindet sich dicht beim Wohnhaus. Von hier assen sich die Fische in aller Muße vom Sitzplatz aus beobachten.

Privates Traumreich

Ort:	Plau am See (Mecklenburg-Vorpommern)
Teichoberfläche:	50 m²
Teichform:	birnenförmig
Tiefe:	0,50 – 1,80 m
Wasservolumen:	35 m³
Abdichtung:	3 mm Deponiefolie
Bodeneinläufe:	1
Skimmer:	2
Filterung:	Vortex, Kiesfilter und 5 m langer Mehrkammerfilter mit zusätzlich eingebauter Steril-Air-Anlage.
Sonstiges:	10 % Wasserwechsel/Woche Die Koi überwintern ohne Zusatzheizung, der Teich wird während dieser Zeit teilweise mit Styroporplatten abgedeckt.
Besatz:	24 Koi von 25 bis 65 cm

Der recht großflächige Koiteich der Familie von Jan Langschwager wird am Ufer von größeren Findlingen begrenzt. Die umstehenden hohen Bäume schützen ihn vor allzu starker Sonneneinwirkung, haben allerdings den Nachteil, dass sie im Herbst sehr viel Laub abwerfen. Damit das Wasser dadurch nicht verdirbt, wird während dieser Zeit ein Netz über den Teich gespannt.

Die Familie verbringt den größten Teil ihrer Freizeit am Teich, und empfängt hier auch oft Gäste. Und obwohl die Langschwagers gerne verreisen, zieht ihr kleines Traumreich sie stets wieder nach Hause zurück.

Jedes Jahr, erzählt Jan Langschwager, hat ihr Teich bislang einige Veränderungen erfahren. Aktuell schwebt ihm vor, ihn tiefer auszuheben und mit einem zweiten Bodeneinlauf zu versehen.

Perfekt nach Umbau

Ort:	Oschatz (Sachsen)
Teichoberfläche:	15 m²
Teichform:	nahezu oval
Tiefe:	max. 2,60 m
Wasservolumen:	35 m³
Abdichtung:	eingeschweißte PVC-Folie 1,5 mm dick
Bodeneinläufe:	2
Skimmer:	1
Filterung:	2 Vierkammer-Schwerkraft-filter à 2 m³, 1 Pflanzenfilter von 4 m².
Sonstiges:	2 Aquamax 10.000 für die Um-wälzung, 1 Hiblow zur Belüftung der Biokammern, bei wöchentlicher Filterreini-gung wird mit 1 m³ Frisch-wasser ergänzt. 1 Wärmetauscher an der Hausheizung hält die Temperatur im Winter auf 5 – 6 °C, außerdem erfolgt eine großflächige Abdeckung mit einer Noppenfolie.
Besatz:	16 Koi von 30 bis 60 cm

Der erste Gartenteich, in dem Frank Melz seine Koi hielt, war mit zahlreichen Unzulänglichkeiten behaftet. Um diese auszuräumen begann er 2001 einen komplett neuen Koiteich zu bauen, der nun alle Anforderungen erfüllt. Der neue Teich grenzt direkt an die Terrasse des Wohnhauses. Den Teichrand bilden große Feldsteine, die sicher auf einem Betonkragen von 40 cm Breite und 80 cm Tiefe ruhen.

Fotos: Donald Kemnitz

Paradies am Pavillon

Ort:	Leipzig (Sachsen)
Teichform:	nierenförmig
Teichoberfläche:	ca. 25 m²
Tiefe:	1,60 – 2,00 m
Wasservolumen:	45 m³
Abdichtung:	GFK
Bodeneinläufe:	2
Skimmer:	1
Filterung:	Vortex und Dreikammer-Filter.
Sonstiges:	Im Winter wird die Mindest-Temperatur von 6 °C mit einem 21 KW-Wärmetauscher gehalten, zusätzliche Abdeckung mit Noppenfolie. 1 UV-C-Lampe 15 W.
Besatz:	14 Koi von 30 bis 70 cm

Diesen Koigarten legte Donald Kemnitz an, nachdem er das Grundstück gekauft hatte. Doch zunächst ergaben sich Probleme: Die Abdichtung, ein zu kleiner Filter und technische Einrichtungen erwiesen sich als unzureichend. So kam es im Jahr 2000 zu ein kompletten Umbau. Der Teich wurde tiefer und durch den Aushub entstand ein Hügel als Sichtabschluss. Ein Pavillon kam hinzu, unter dem sich die gesamte technische Einrichtung und die Filter befinden. Die Gestaltung erfolgte ganz im japanischen Stil.

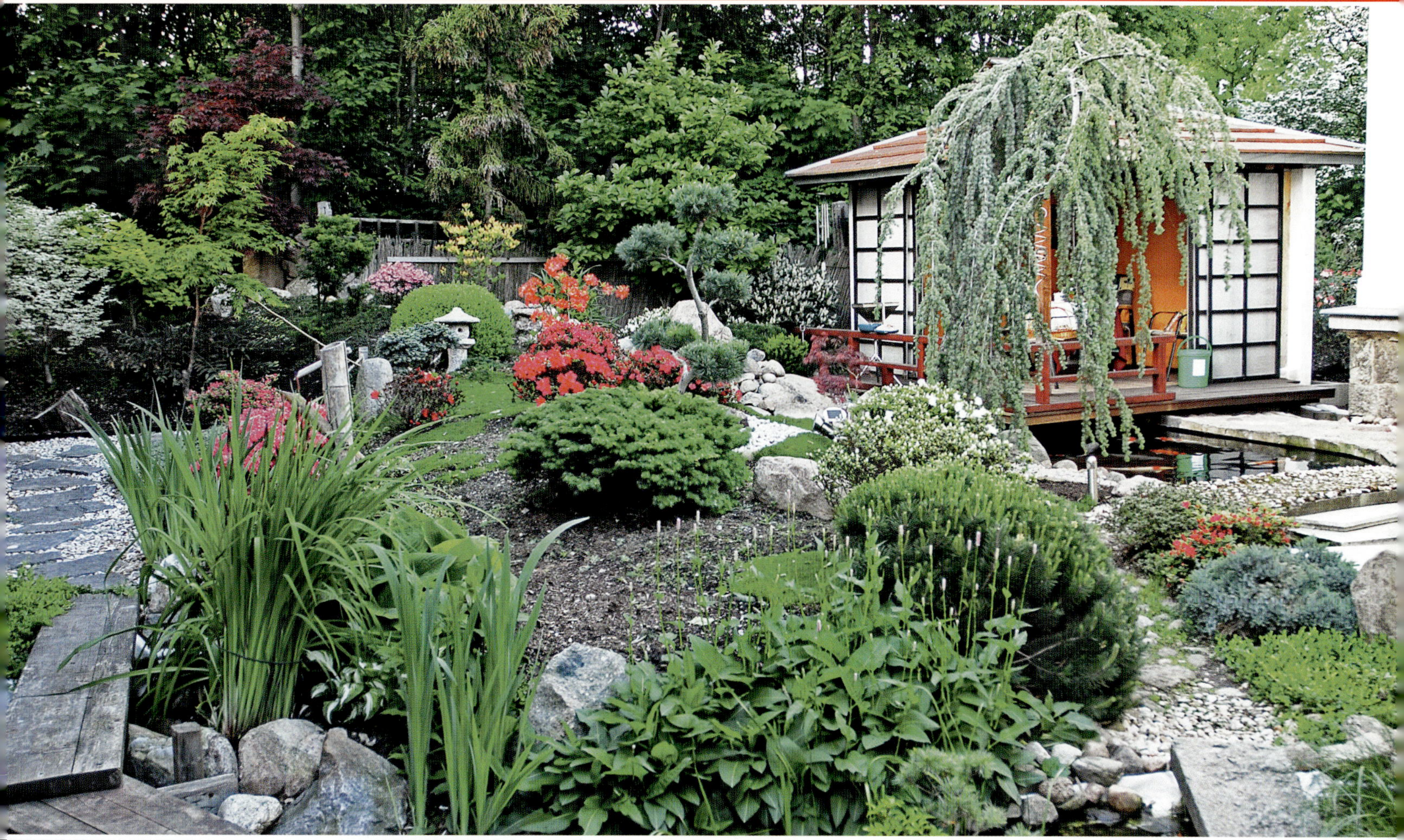

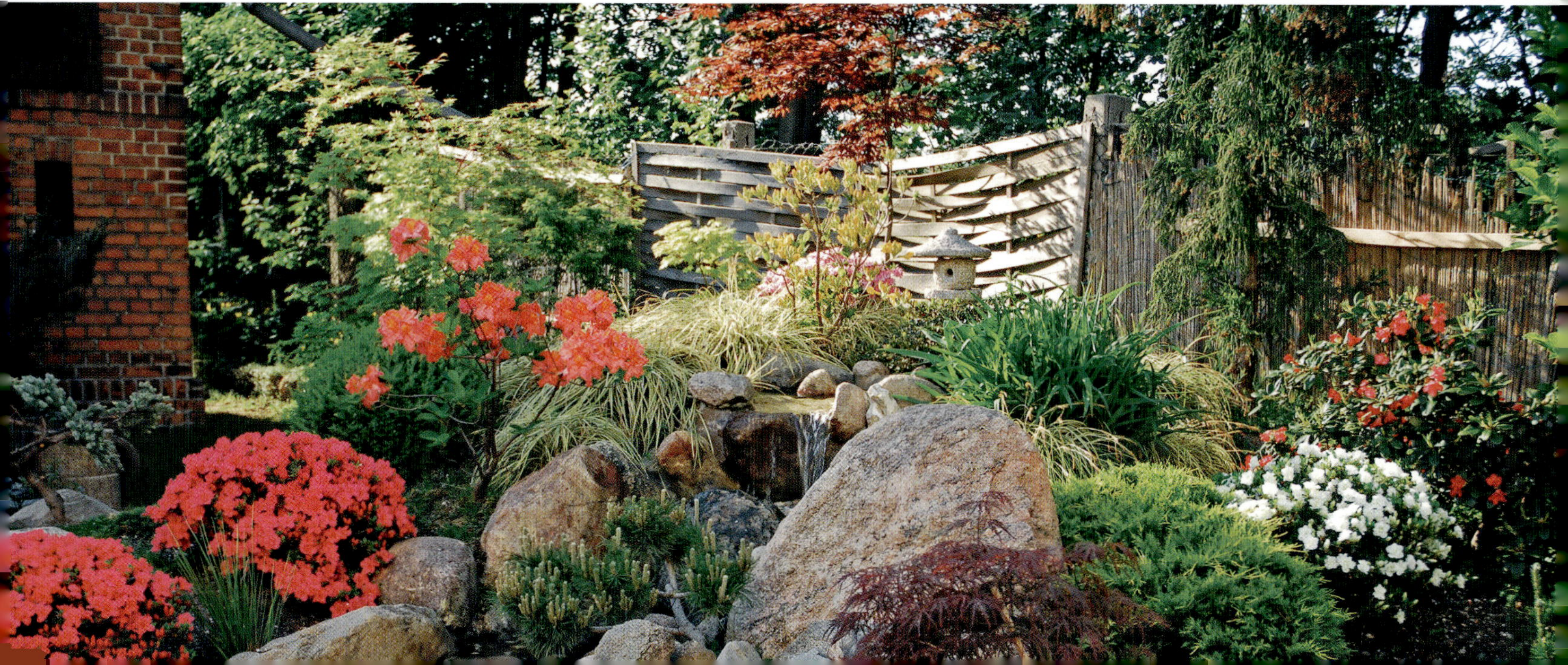

Ort:	Chemnitz (Sachsen)
Teichoberfläche:	ca. 25 m²
Tiefe:	1,90 – 2,00 m
Wasservolumen:	38 m³
Abdichtung:	GFK
Bodeneinläufe:	2
Skimmer:	1
Filteranlage:	1 Vortex und 1 Fünfkammerfilter.
Sonstiges:	2 Hiblow à 40 W belüften den Filter. Eine Solaranlage hebt die Temperatur des Teichwassers während der Übergangszeit etwas an. Außerdem verhindert die Styrodur-Abdeckung eine zu starke Abkühlung. Wöchentlich Austausch von 5 bis 10% Teichwasser
Besatz:	20 Koi von 30 bis 70 cm

Attraktiver Akzent

Es begann bereits 2001. Damals gab es im Garten von Jörn und Heike Nestler einen 10 m³ fassenden, naturnahen Teich aus Folie. Auch eine Filterung von 3 m³ war schon integriert. Die Teichbewohner waren Schleierschwänze und 3 Koi. Im Jahr 2004 ersetzten diesen Teich durch die hier abgebildete Anlage. Die senkrechten Teichwände wurden aus Betonschalsteinen mit Armiereisen gemauert und mit Beton ausgefüllt. 50 cm am oberen Rand sind innen mit Styroporplatten wärmeisoliert. Nach Verputzen wurde der ganze Teich mit GFK ausgekleidet.

Mit dem Teichaushub konnte die Filteranlage unterirdisch angelegt werden und ist durch eine Einstiegsluke zugängig.

Ein Ensemble der Harmonie

Andreas Schütze ist ein Pflanzenfan – wie man auf diesem Foto leicht erkennen kann. Während seiner Beschäftigung mit diesem Hobby entdeckte er im Jahr 1993 mit den Koi eine weitere Leidenschaft für sich. So entstand nach dem Neubau seines Hauses der hier abgebildete Teich. Er und die umgebenden Pflanzen bilden ein harmonisch aufeinander abgestimmtes Ensemble, das mit liebevollen Details und einer Holzbrücke begeistert.

Ort:	Ebersbach (Sachsen)
Teichform:	liegende Acht
Teichoberfläche:	20 m²
Tiefe:	0,60 – 1,35 m
Wasservolumen:	17 m³
Abdichtung:	1 mm PVC-Folie
Bodeneinläufe:	0
Skimmer:	1
Filteranlage:	gepumpter Center-Vortex
Sonstiges:	Hiblow 60W mit 8 Ausströmern im Filter, UV-C-Lampe 2 x 11W.
Besatz:	9 Koi von 40 bis 50 cm

Foto: Sebastian Quillmann

Der KLAN-Chef

Ort:	Krefeld (Nordrhein-Westfalen)
Teichform:	kreisrund
Teichoberfläche:	ca. 35 m²
Tiefe:	1,30 – 2,06 m
Wasservolumen:	ca. 30 m³
Abdichtung:	stabarmierter Beton, handverstrichen
Bodeneinläufe:	2
Skimmer:	1
Filteranlage:	Quader-Schwammfilter, System Brüggert, Rieselfilter und Eiweißabschäumer
Sonstiges:	1 Hiblow 80 durchlüftet Filterkammern und Bachlauf, 2 UV-C-Lampen, täglich wird 1 m³ Frischwasser zugegeben, mittels Wärmetauscher wird die Temperatur im Winter auf 6 °C und im Sommer auf 18 °C gehalten.
Besatz:	27 Koi von 40 bis 70 cm

Alles begann 1990 mit vier kleinen Koi, die Dr. Dieter Hannen in ihren Bann zogen. Er studierte die damals vorhandenen zwei deutschen Koi-Fachbücher und baute schließlich einen Biotopteich nach englischem Vorbild mit Filter. Wegen der auftretenden Probleme änderte er den Teich und die Filteranlage mehrmals. Bald merkte er, dass er ohne Erfahrungsaustausch mit anderen Koi-Liebhabern nicht weiter kam. So gründete sich auf seine Initiative im Jahr 1991 ein Koiklub in Krefeld. Dr. Hannen ist seitdem der Geschäftsführer. Man nannte sich KLAN (Koi Liebhaber am Niederrhein). Ein regionaler Verein, der aber bald deutschlandweit und auch international mit mehr als 3500 Mitgliedern agierte. Jährlich organisiert der KLAN eine vielbeachtete internationale Koi-Show.

Fotos: Dietmar Kuhn

Die Ruhe-Insel im Ruhrgebiet

Ort:	Duisburg (Nordrhein-Westfalen)
Teichform:	ringförmig
Teichtiefe:	1,10m – 2,10 m
Wasservolumen:	inkl. Filter 73 m³
Abdichtung:	faltenfrei eingeschweißte 2,5 mm PE-Folie
Bodeneinläufe:	3
Skimmer:	2
Filteranlage:	2 parallele Vortex und großer Patronenfilter, im Sommer zusätzlich gepumpter Cheopsfilter und Pflanzenfilter.
Sonstiges:	1 Hiblow 40 mit 12 Ausströmern im Filter. Abdeckung im Winter mit Hohlkammerplatten und PE-Bällen, außerdem Heizung mit Wärmetauscher von der Hausheizung auf 6 °C.
Besatz:	40 Koi von 50 bis 80 cm

Der ringförmige Teich mit einer Insel in der Mitte wurde 1997 von Dietmar und Elke Kuhn gebaut. Die Insel war ursprünglich mit Rasen bewachsen und sollte als Liegeinsel dienen. Mittlerweile wurde der Rasen durch weißen Carara-Kies und durch Pflanzen ersetzt, so verleiht er der ganzen Anlage mehr ein asiatisches Aussehen. Zwei rote Bogenbrücken bilden den Zugang zur Insel.

Fotos: F.-J. Hilgers

Ort:	Dormagen (Nordrhein-Westfalen)
Teichform:	L-förmig
Teichoberfläche:	ca. 44 m²
Tiefe:	0,40 – 2,10 m
Wasservolumen:	48 m³
Abdichtung:	3 mm dicke PEHD-Folie
Bodeneinläufe:	4
Skimmer:	1
Filteranlage:	Vortex, Sechskammer-Filter, 1 Siebfilter 200 Mikron, 1 Pflanzenfilter.
Sonstiges:	5 UV- C-Lampen (2 x 11W, 2 x 30W, 1 x 55W), Belüftung mit 2 Hiblow 40, 1 Hiblow 80 und 2 Venturidüsen. Wöchentlich Teilwasserwechsel von ca. 5 m³. Ein Wärmetauscher von der Gas-Zentralheizung des Hauses heizt den Teich ganzjährig auf 20 °C. Nur von Dezember bis Februar beträgt die Temperatur 8 °C.
Besatz:	35 Koi von 25 bis 75 cm

Koi-Paradies

Dieser wunderschöne, japanisch gestaltete Gartentraum besteht seit 1987. Damals besaß Franz-Josef Hilgers einen großen Gartenteich aus 1 mm starker PVC-Folie. Die ersten Jahre erfreute sich der Besitzer daran, doch 1992 entschied er sich für einen Umbau. In diesem Rahmen erhielt der Teich Bodeneinläufe und 35 m³ Wasserinhalt. 1997 erhielt er eine letzte Änderung durch eine faltenfreie Auskleidung mit 3 mm starker PEHD-Folie.

Das Ergebnis kann sich sehen lassen: Ein Koi-Paradies mit allen Finessen und ein Garten, der immer wieder bezaubert.

Ort:	Leipzig (Sachsen)
Teichform:	oval
Teichoberfläche:	ca. 24 m²
Teichtiefe:	1,50 – 2,00 m
Wasservolumen:	27 m³
Abdichtung:	GFK
Bodeneinläufe:	2
Skimmer:	1
Filterung:	Vortex und Vierkammer-Filter
Sonstiges:	1 UV-C-Lampe 55W,1 Hiblow mit 6 Ausströmern in den Filterkammern, wöchentlich 15% Teilwasserwechsel. 1 Wärmetauscher von der Hausheizung hält die Teichtemperatur Im Winter auf 6 °C.
Besatz:	13 Koi von 40 bis 65 cm

Familienurlaub auf Terrassinien

Beruflich ist die Familie Reinhard Ulrich sehr stark eingebunden. Längere Zeit abwesend zu sein, ist ihr unmöglich, deshalb haben sie sich von Fa. Steffen Anders ein eigenes Gartenparadies auf ihrem Grundstück anlegen lassen. Heraus gekommen ist ein pflegeleichtes, unkompliziertes Ensemble für die wenigen ruhigen Momente im Alltag. Hier kann man völlig abschalten und die Idylle genießen.

Foto: A. Pinkowski

Klinkerteich für Koi

Artur Pinkowski hat in seinem großzügigen Garten einen Teich in symmetrisch abgewandelter L-Form gebaut und mit einem sauber vermörtelten und für den Niederrhein so typischen Klinkerrand abgeschlossen. Über einen der beiden L-Schenkel führt eine Holzbrücke, die die Verbindung im Gartenweg bildet.

Die Grundkonstruktion des Teiches besteht aus einer 20 cm dicken Stahlbeton-Platte, auf die 24-er Kalksteinseitenwände aufgemauert wurden. Diese sind innen mit 4,5 cm dicken Styroporplatten wärmeisoliert und mit GFK abgeschlossen. Im Boden sind Einläufe mit 110 mm Verrohrung eingelassen, die das Teichwasser auch über einen Skimmer zu einem großen, gemauerten Schwerkraft-Mehrkammerfilter mit Filterbürsten und Japanmatten leiten.

Ort:	Krefeld (Nordrhein-Westfalen)
Teichform:	L-förmig
Teichoberfläche:	25 m²
Teichtiefe:	durchgehend 2 m
Wasservolumen:	50 m³
Abdichtung:	GFK
Bodeneinläufe:	4
Skimmer:	1
Filterung:	gemauerter Schwerkraftfilter (20 m³)
Sonstiges:	2 Pumpen a 20000 l/h fördern das Filterwasser über 10 verstellbare Wassereinläufe in den Seitenwänden und sorgen so für gute Wasserzirkulation im Teich. 2 Hiblow 100 mit Ausströmern im Teich und Filter, 1 UV-C-Lampe 2 x 36 W, automatische Frischwasserzugabe. 1 Wärmetauscher von der Hausheizung hält die Temperatur im Winter auf 12 °C und im Sommer auf 21 °C. Außerdem wird der Teich im Winter abgedeckt.
Besatz:	30 Koi von 50 bis 80 cm

Ort:	Gipf-Oberfrick (Schweiz)
Teichform:	mehreckig
Teichoberfläche:	ca. 60 m²
Teichtiefe:	1,20 m
Wasservolumen:	70 m³
Abdichtung:	2 mm PVC-Folie
Bodeneinläufe:	2
Skimmer:	1
Filterung:	Vortex & Fünfkammer-Filter (20 m³), 1 ärob arbeitender Nitratfilter.
Sonstiges:	1 Aquada UV-Wasserdesinfektionsgerät 180 W von Wedeco Katadyn AG, 1 Sauerstoffgenerator mit Ausströmern in den Biokammern. Etwa 2 m³ Frischwasser alle 5 Wochen. Die Teichtemperaturen betragen im Sommer 26 °C und im Winter 18 °C.
Besatz:	35 Koi von 30-60 cm

Das Hobby bei jedem Wetter

Um seine Koi bei jedem Wetter vor Augen zu haben, legte Paul Buser 1997 diese wunderschöne Innenanlage im Wohnbereich an.

Der Teich darin wurde aus Schalungsbeton gefertigt und mit 2 mm dicker PVC-Folie abgedichtet.

Kleiner Koi-Garten

Die meisten Besitzer kleiner Gärten glauben, dass sich ihr Wunsch nach einem Koiteich nicht realisieren ließe.

Walter Franke bewohnt mit seiner Familie ein Einfamilienhaus auf solch einem kleinen Grundstück. Er war – wie die Japaner – nicht der Meinung, dass ein Koiteich hier unmöglich sei und zeigte, dass bei gutem Willen, auch unter platzmäßig schwierigen Verhältnissen, durchaus Koi gehalten werden können. Und zwar nicht nur in einem „größeren und vielleicht unansehnlichen Behälter", sondern in einem exquisiten Gartenparadies im Vorgarten des Grundstücks.

Der Teich wurde in erster Linie wegen seiner Schönheit gebaut und ist nur mit einigen kleinen Koi gegen die Mücken besetzt.

Ort:	Leipzig (Sachsen)
Teichform:	unregelmäßiges Fünfeck
Teichoberfläche:	ca. 7 m²
Teichtiefe:	1,20 m
Wasservolumen:	8 m³
Abdichtung:	GFK
Bodeneinläufe:	1
Skimmer:	1
Filterung:	Dreikammer-Edelstahlfilter von 500 l Fassungsvermögen.
Sonstiges:	Hiblow 40 mit Ausströmern.
Besatz:	einige kleine Koi

45

Sehlem mit Seele

Ort:	Sehlem (Rheinland-Pfalz)
Teichform:	oval
Teichoberfläche:	35 m²
Teichtiefe:	max. 1,80 m
Wasservolumen:	30 m³
Abdichtung:	1 mm PVC-Folie
Bodeneinläufe:	0
Skimmer:	0
Filterung:	größerer Vierkammer-Filter.
Sonstiges:	1 Hiblow 40 mit 5 Ausströmern, Frischwasser nur bei Wasserstandsdefizit.
Besatz:	30 Koi von 15 bis 65 cm

1987 setzte Mathias Feilen seinen Wunsch, einen Gartenteich anzulegen, in die Tat um. Den Anfang machte ein Besatz zunächst aus Goldfischen. Als er die Koi für sich entdeckte, änderten sich seine Pläne. Es führte dazu, dass er seinen Teich bis zum heutigen Tag dreimal umgebaut hat. Besonderer Hingucker ist die gebogene Brücke mit Geländer, die über den Teich führt und von der aus sich die Koi aus der Nähe beobachten lassen.

Aussicht mit Koi

Eine großflächige Wasseranlage, die aus einem Schwimmteich und einem Koiteich besteht, bestimmt das Grundstück von Wilfried Duy. Sein Koiteich besteht seit dem Jahr 2000. Direkt an der weit ausladenden, geschwungenen Wasserfläche lädt eine über den Teich gebaute Plattform mit Tisch und Stühlen zum Verweilen ein. Sie ragt ein Stück über den Teich, sodass man sich mitten im Geschehen fühlen kann.

Ort:	Siewisch (Sachsen)
Teichform:	etwa nierenförmig
Teichoberfläche:	60 m²
Teichtiefe:	0,80 – 2,50
Wasservolumen:	65 m³
Abdichtung:	1 mm PVC-Folie
Bodeneinläufe:	0
Skimmer:	1
Filterung:	1 Biotec 30
Sonstiges:	1 UV-C-Biotron 72, 1 Hiblow 40 mit 2 Ausströmern, keine Heizung im Winter.
Besatz:	40 Koi verschiedener Größe

Ort:	Ungenannt (Nordrhein-Westfalen)
Teichform:	liegende Acht
Teichoberfläche:	28 m²
Teichtiefe:	2 m
Wasservolumen:	43 m³
Abdichtung:	Bitumen-Latexfarbe
Bodeneinläufe:	3
Skimmer:	1
Filterung:	Vortex & Dreikammer-Filter
Sonstiges:	1 Hiblow mit 6 Ausströmern im Filter, täglich Teilwasserwechsel von 500 l, Temperatur im Winter mit Wärmetauscher auf 10 °C.
Besatz:	40 Koi von 30 bis 90 cm

Asien en miniature

Volker de Fries entdeckte seine Koi-Leidenschaft bereits im Jahr 1987. Ab 1990 baute er schließlich die hier abgebildete, großzügige Anlage mit Brücke und ansprechender Randbepflanzung. Asiatische Details verleihen der Anlage ihr ganz besonderes Flair. Der Teich selbst ist gemauert, verputzt und mit Bitumen-Latexfarbe gestrichen.

Foto: Brüggert

Was lange währt ...

Es waren Abbildungen in einer Gartenzeitschrift, die das Ehepaar Brüggert 1989 für Koi und japanische Gartengestaltung begeisterten. So etwas wollten sie sich auch in ihrem Garten anlegen. Es gelang ihnen schließlich, jemanden zu finden, der sich bereit erklärte, eine solche Anlage zu bauen. Jedoch bei dieser Anlage machten sie so ziemlich alles falsch, was man falsch machen kann: das Wasser war grün, der pH-Wert war über neun und die ersten Koi erkrankten und starben. Alle Bemühungen führten nicht zum gewünschten Erfolg. So wollten sie nach zwei Jahren den Koiteich wieder zuschütten. Gerade zu dieser Zeit bekamen sie eine Einladung zum 1. Stammtisch des neugegründeten Koiverein KLAN. Sie wurden Mitglied und lernten dadurch Gleichgesinnte kennen.

Jetzt wurde der Teich umgebaut, der Rand mit einem Betonkragen stabilisiert, und erste Erfolgserlebnisse stellen sich ein.

Ort:	Wesel-Bislich (Nordrhein-Westfalen)
Teichform:	liegende Acht
Teichtiefe:	durchschnittlich 1,60 m
Wasservolumen:	37 m³
Abdichtung:	1 mm PVC-Folie
Bodeneinläufe:	3
Skimmer:	1
Filterung:	Selbst entwickelter Quaderfilter mit regelbarer Heizungspumpe von 5 - 25 m³/h.
Sonstiges:	1 Hiblow mit mehreren Ausströmern belüftet den Filter, 2 Pro Clear Lampen à 55 W. Bei Wassertemperaturen über 15 °C verbessert eine Venturidüse die Sauerstoffwerte im Teich.
Besatz:	26 Koi von 15 bis 75 cm

49

Ort:	Wädenwil (Schweiz)
Teichform:	nahezu kreisrund
Teichoberfläche:	16 m²
Teichtiefe:	1,80 – 2,00 m
Wasservolumen:	33 m³
Abdichtung:	Beton und Folie
Bodeneinläufe:	2
Skimmer:	1
Filterung:	1 Vortex & 2 runde Kammern (System Boehrer), die Sumpfpflanzen im Bachlauf und in der Flachwasserzone wirken als Pflanzenfilter.
Sonstiges:	2 UV-C-Lampen 22 W, Frischwasser wöchentlich 1 bis 2 m³ bei Filterreinigung, Koi überwintern ohne zusätzliche Einrichtungen.
Besatz:	16 Koi von 40 bis 60 cm ca. 50 einjährige Nachzuchtkoi

Koi-Idyll am See

Die Familie Krüsi wohnt am Südhang des Züricher Sees und hat von ihrem Grundstück einen wunderschönen Ausblick auf den See. Sie ließ diese Anlage 1998 von der Fa. Peter Boehrer bauen.

Das gefilterte Wasser wird ca. 30 m bergauf gepumpt und fließt über einen sehr dekorativen Bachlauf in Kaskadenform wieder zum Teich zurück.

50

Harmonie in Platten

Seit 1992 ist Jiři Trčka Koiliebhaber. Er setzte seine ersten Koi in seinen Gartenteich und pflegte sie darin über zwei Jahre, bis er die Überzeugung gewann, dass jetzt ein Koiteich her müsste. So baute er seinen ersten Koiteich, der aber mit einem leider zu kleinen Filter ausgestattet war. Dadurch war er täglich mit Filterreinigung beschäftigt.

Diese dauerhafte Unzulänglichkeit und seine wachsenden Kenntnisse führten schließlich dazu, dass er nochmals den Bau eines Koiteiches auf sich nahm. Dieser kam an die Stelle des alten und wurde diesmal steilwandig mit Betonsteinen gemauert. Der Teichrand ist gekonnt mit Platten belegt.

Ort:	Stiřin (Tschechien)
Teichform:	rechteckig mit abgerundeten Ecken
Teichoberfläche:	15 m²
Teichtiefe:	1 m
Wasservolumen:	15 m³
Abdichtung:	1 mm PVC-Folie
Bodeneinläufe:	2
Skimmer:	1
Filterung:	1 Fünfkammer-Filter (5 m³), 1 rückspülbarer Schwimmbadfilter an den Skimmer angeschlossen.
Sonstiges:	1 Hiblow 120 mit 2 Ringausströmern über den Bodeneinläufen und 3 Ausströmern in jeder Biokammer des Filters. Im Winter schwimmen die Fische in einem elektrisch beheizten Glashaus.
Besatz:	25 Koi von 50 bis 80 cm

51

Indonesischer Traum

Ort:	Denpasar/Bali (Indonesien)
Teichform:	annähernd oval
Teichoberfläche:	ca. 20 m²
Teichtiefe:	1,20 – 1,60 m
Wasservolumen:	28 m³
Abdichtung:	Beton
Bodeneinläufe:	2
Skimmer:	1
Filterung:	runde Beton-Filterbecken an der Grundstücksgrenze.
Sonstiges:	größere Hiblow zur Belüftung.
Besatz:	ca. 70 Koi von 30 bis 50 cm

In nur einem halben Jahr Bauzeit ließ Adrianto Mulia diese Anlage im Jahr 1997 nach seinen Angaben gestalten. Die Wassergartenanlage besteht aus zwei Betonteichen von 30 und 50 m³ Inhalt und einigen Bachläufen.

In Bali gibt es keine Jahreszeiten, nur eine Regen- und eine Trockenzeit. Die Lufttemperaturen liegen tagsüber zwischen 35 und 38 °C und das Wasser misst nicht selten 34 °C. Trotzdem geht es den Koi bestens, und wir sind uns sicher, dass man dabei das Fischverständnis und den Fleiß der chinesischen Hilfskräfte nicht unterschätzen darf. Durch häufiges Reinigen der Filter und durch Frischwasserzugaben bleiben die Fische trotz ihrer temperaturbedingt hohen Futteraufnahme und trotz des Überbesatzes gesund.

Fotos: Heinz Zimmerman

Ort:	Sydney (Australien)
Teichform:	nierenförmig
Teichoberfläche:	ca. 15 m²
Teichtiefe:	max. 1,50 m
Wasservolumen:	16 m³
Abdichtung:	Beton
Bodeneinläufe:	2
Skimmer:	1
Filterung:	2 Grundfosspumpen fördern das Teichwasser in 3 erhöht stehende Bio-Filterkammern, dann über einen Rieselfilter und 2 Wasserfälle in den Teich zurück. Der Gesamtwasserinhalt wird etwa einmal pro Stunde umgewälzt.
Sonstiges:	Durch automatische Wasserstandsreglung werden wöchentlich etwa 3 m³ ausgeglichen.
Besatz:	28 Koi von 40 bis 75 cm

Eigene Koizucht

Heinz Zimmerman bewohnt mit seiner Frau ein 850 m² großes Grundstück in einem westlichen Vorort von Sydney. Beim Hausumbau 1989 sollte auch der Garten verschönert werden. Die Vorstellung von einem kleinen Teich mit Goldfischen änderte sich durch die Bekanntschaft mit Koi. Schließlich entstand dann in dreimonatiger Arbeit mit Hilfe eines Freundes ein 15 m³ fassender, nierenförmiger Betonteich mit schrägen Wänden. Zur Verschönerung führt eine Bogenbrücke mit Geländer über den Teich.

In Australien ist der Import von Koi verboten, deshalb sind hier die Liebhaber darauf angewiesen, ihre Koi selbst zu züchten.

Heinz Zimmermann ist sehr erfolgreich in der Nachzucht eigener Koi, was seit Jahren viele Ausstellungspreise beweisen.

Wohnen mit Koi

Willy Soenaryo gehört zum aktiven Kern des Klubs „Ikan Koi ZNA-Bandung" Chapter Indonesien. Sein Wassergarten hat uns besonders beeindruckt, denn er befindet sich auf gleicher Höhe mit dem Wohnbereich und bildet durch eine große Fensterfläche am Wohnhaus eine Einheit mit der luxuriösen Wohnung. Vollendet ist das Bild, wenn die Fensterfront komplett geöffnet und beiseite geschoben ist. Garten und Wohnung bilden dann ein Ensemble.

Der wunderschöne Wassergarten besticht durch einige gezielt eingesetzte dekorative Elemente und Pflanzen, die zum Blickfang werden. Auch die sehr gekonnte S-Form des Teiches trägt wesentlich zur optischen Wirkung bei. Wie alle Teiche, die wir in Asien gesehen haben, ist auch dieser aus Beton. Der schmale, gleichmäßige Rand ist unauffällig und unterstreicht die Abgrenzung zum Ufer.

Ort:	Bandung/Java (Indonesien)
Teichform:	S-förmig
Teichtiefe:	1,50 m
Wasservolumen:	18 m³
Abdichtung:	Beton
Bodeneinläufe:	2
Skimmer:	1
Filterung:	1 großer Mehrkammer-Filter und die gesamte Technik ist im Keller des Hauses.
Sonstiges:	Das gefilterte Teichwasser fließt auf der gesamten Fläche der 3,50 m hohen und speziell gestalteten Gartenmauer herab und wieder dem Teich zu. Dadurch verliert das Wasser durch Verdunstungswärme an Temperatur, und der Garten wird angenehm gekühlt.
Besatz:	16 Koi von 25 bis 55 cm

Ort:	Berlin
Teichform:	oval
Teichoberfläche:	24 m²
Teichtiefe:	0,85 – 2,00 m
Abdichtung:	geschweißte PE-Platten
Wasservolumen:	einschließlich Filter 22 m³
Bodeneinläufe:	2
Skimmer:	1
Filterung:	Vortex und 2 Kammern
Sonstiges:	1 Hiblow 100 mit 8 Ausströmern im Filter und Teich, 1 UV-C 55 W. Wöchentlich 1 m³ Frischwasser. Eine temperaturgeregelte Heizschlange in der Biokammer ist an den Wärmetauscher der Hausheizung angeschlossen. Außerdem im Winter Abdeckung mit Gewächshausfolie und Doppelstegplatten über einem Gestell.
Besatz:	10 Koi von 30 bis 50 cm

Ein Hauch von Asien

Der dekorative Koiteich von Wolf-Rüdiger Thiele wurde aus Holzbetonsteinen gemauert – nicht nur wegen der ansprechenden Optik, sondern auch, weil sie sich durch gute Wärmeisolationseigenschaften auszeichnen. Die Abdichtung besteht aus geschweißten PE-Platten. Den Teichrand bilden aufgemörtelte große Flusskiesel.

Umrahmt wird der Teich von asiatischen Dekorationsgegenständen, die einen Hauch von Asien nach Berlin bringen.

Foto: Schnitter

Schön gerahmt

Ort:	Korschenbroich (Nordrhein-Westfalen)
Teichform:	oval
Teichoberfläche:	30 m²
Teichtiefe:	1,30 m
Abdichtung:	GFK
Wasservolumen:	40 m³
Bodeneinläufe:	2
Skimmer:	1
Filterung:	Vortex und Fünfkammer-Schwerkraftfilter
Sonstiges:	1 Hiblow 40 belüftet den Filter mit 6 Ausströmern, 1 Sauerstoff-Aggregat, UV-C-Lampen mit insgesamt 127 W, täglich 100 l Frischwasser, bei Filterreinigung 2 x wöchentlich 1,5 m³. Von November bis März wird die Temperatur über Wärmetauscher von der Hausheizung auf 11 °C gehalten.
Besatz:	25 Koi von 50 bis 90 cm

Seit 1996 ist der Garten von Herbert Schnittler um einen Koiteich reicher. Dieser liegt unterhalb der Hausterrasse und bietet jederzeit einen wunderbaren Blick ins Wasser. Im japanischen Stil gehalten, ist er von Azaleen, Buxus und geschnittenen Bäumen umrahmt. Ein schön gestalteter Wasserfall ist nicht nur Blickfang, sondern bringt das gefilterte Wasser wieder zum Teich zurück.

Fotos: Weidmann

Englisches Vorbild

Ort:	Bremen
Teichform:	L-förmig
Teichoberfläche:	25 m²
Teichtiefe:	1,65 m
Abdichtung:	Zementputz und GFK
Wasservolumen:	28 m³
Bodeneinläufe:	0
Skimmer:	1
Filterung:	über eine nachträglich angebaute Absetzkammer von 3 m Länge, eingesetzte Siebe und einen Vierkammer-Filter.
Sonstiges:	Im Sommer alle drei Tage 10% Frischwasser bei Reinigungsarbeiten. Belüftung mit 2 Venturidüsen und 1 Hiblow 80 mit Ausströmern. Im Winter Überdachung des gesamten Teiches mit einem Traggerüst und Gewächshausfolie.
Besatz:	14 Koi von 50 bis 75 cm

Der L-förmige Teich von Hubertus Weidmann ist direkt an die Terrasse seines Wochenendhauses angepasst. Die Besonderheit: Es handelt sich hier um einen der ersten Koiteiche, die in Deutschland entstanden sind. Deshalb ist er noch — ganz nach englischem Vorbild — teilweise übererdig gebaut. Die umlaufende Mauer ist mit Sandsteinplatten abgedeckt.

Fotos: G. Richter

Wahrer Teichtraum

Ort:	Kronshagen (Schleswig-Holstein)
Teichform :	Form einer Ellipse
Teichoberfläche:	ca. 25 m²
Teichtiefe:	0,50 – 1,70 m
Abdichtung:	1 mm EPDM-Folie
Wasservolumen:	27 m³
Bodeneinläufe:	0
Skimmer:	1
Filterung:	Eigenbau: drei übererdig stehende 300 l-Tonnen mit Bürsten, Japanmatten und Lavagestein werden durchströmt von einer Aquamax 5000/75 W.
Sonstiges:	Über einen Skimmer wird mit einer Teichpumpe ECO 12000/130 W ein Eiweißabschäumer betrieben, UV-C-Lampe 40 W.
Besatz:	18 Koi von 30 bis 65 cm

1986 legte die Familie Richter ihren ersten Teich an. Er war lediglich 70 cm tief und fasste 13 m³ Wasser. Die Flachzonen waren stark mit Sumpfpflanzen besetzt, Seerosen standen im tieferen Bereich. Das war zum Herausfangen der Fische sehr unpraktisch. Deshalb wurde der Teich 2006 tiefer gestaltet und auf das doppelte Volumen gebracht. Der Teichrand besteht aus größeren Steinen mit Zwischenbepflanzung aus Bubikopf. Die Sumpfpflanzen kamen in einen gesonderten, 5 m³ fassenden und tiefer liegenden Teich, der jetzt als Pflanzenfilter fungiert und durch einen Wasserfall mit dem Fischteich verbunden ist. Gerd Richter möchte mit seinem Teich beweisen, dass man auch mit einfachen Mitteln in der Koihaltung optimale Ergebnisse erreichen kann. Ich finde die Gartengestaltung besonders beeindruckend, solch schöne Gärten sind sehr selten. Es ist leicht zu erkennen, dass die Pflanzen und insbesondere die Bonsai das Hobby der Familie sind.

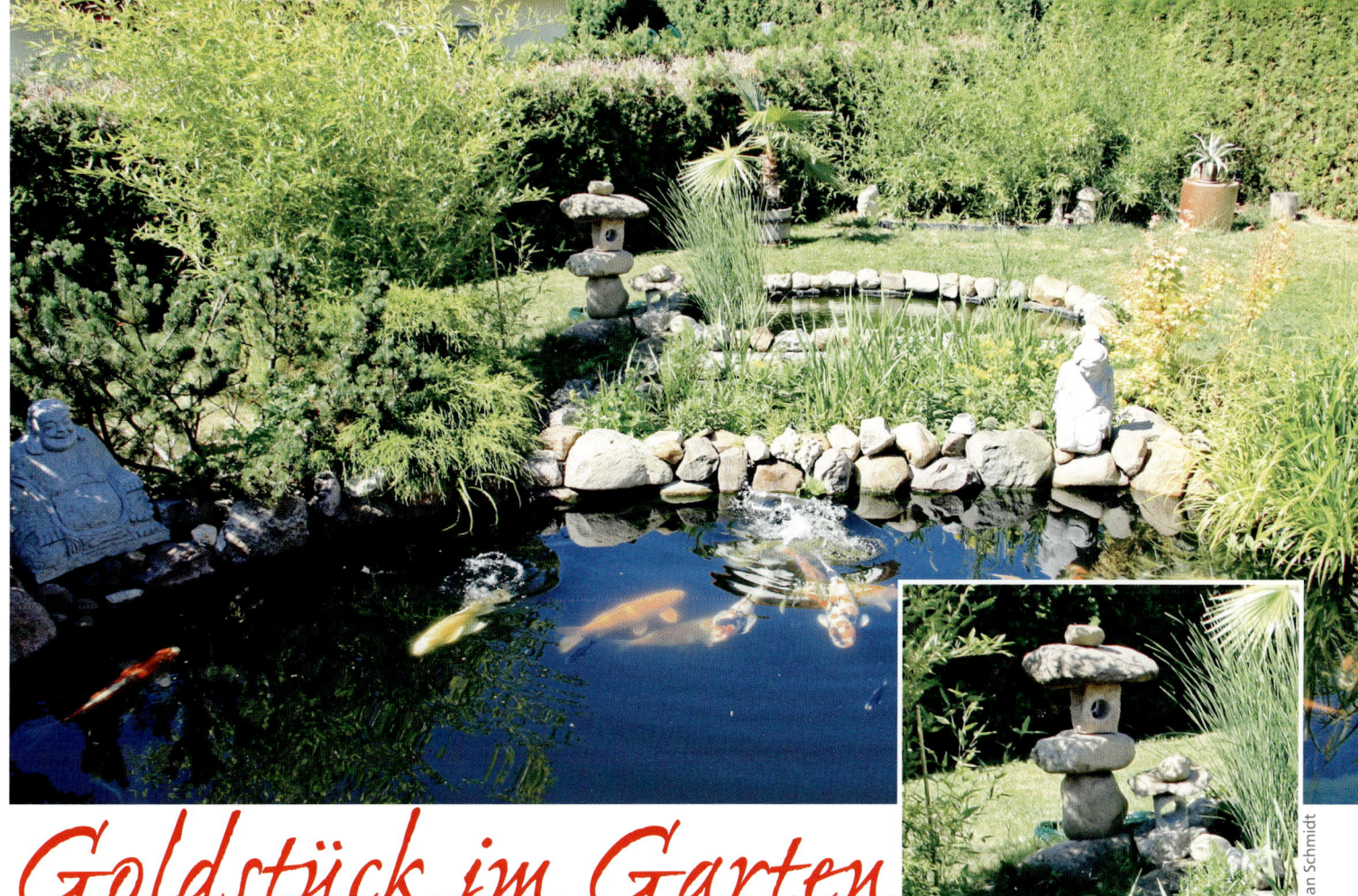

Fotos: Jan Schmidt

Goldstück im Garten

An derselben Stelle war früher ein großer Goldfischteich. 1999 schaffte Mirko Zimmermann dann seine ersten Koi an, fand an ihnen Gefallen und entschloss sich nun, einen speziellen Koiteich zu bauen.

Nach einiger Zeit merkte er dann, dass das Teichwasser nicht klar zu bekommen war. So sah er sich nach weiteren vier Jahren veranlasst, einen besseren Filter zu bauen. Jetzt ist er mit der Qualität des Wassers sehr zufrieden und hat viel Freude an seinem Koigarten.

Ort:	Falkenhain (Sachsen)
Teichoberfläche:	11 m²
Tiefe:	2,5 m
Abdichtung:	GFK auf Stahlbeton
Wasservolumen:	27 m³
Bodeneinläufe:	1
Skimmer:	1
Filterung:	Dreikammerfilter (7 m³)
Sonstiges:	UV-C 35 W, alle 14 Tage ca. 20% Wasserwechsel, Abdeckung im Winter mit Hohlkammer-Platten.
Besatz:	15 Koi von 35 bis 60 cm

Wasserwelten

Ort:	Reppen (Sachsen)
Teichform:	Hauptteich rechteckig
Teichoberfläche:	Hauptteich 40 m²
Teichtiefe:	0,80 – 2,00 m
Abdichtung:	1,5 mm PVC-Folie
Wasservolumen:	der gesamten Anlage 100 m³
Bodeneinläufe:	3
Skimmer:	2 als Überläufe
Filterung:	Kiesgräben mit Sumpfpflanzen
Sonstiges:	1 Hiblow 200 mit 8 Ausströmern, automatische Wasserstandsregulierung. Im Winter wird eine 300-W-Heizmatte angeschlossen.
Besatz:	41 Koi von 25 bis 60 cm

Torsten Blümig ist Steinmetz und Mitinhaber einer Firma für Natursteinhandel. Man findet in seinem Koigarten viele steinerne Gartenelemente und Laternen sowie Bodenmosaike mit Koi. 1997 machte Torsten Blümig Bekanntschaft mit Koi, deshalb war bereits im Jahr 2000 der Plan für eine neue Anlage fertig und wurde letztlich Schritt für Schritt in die Realität umgesetzt. Der rechteckige Hauptteich mit einer Oberfläche von 40 m² und einer Tiefe von 0,80 – 2,00 m ist direkt mit einem zweiten und indirekt mit einem dritten Teich verbunden. Die mit Kies gefüllten und bepflanzten Gräben sind in einzelne Kammern unterteilt und wirken als Pflanzen- und biologische Filter. Dabei wird das Wasser durch zwei Drainagerohre geleitet und tritt abwechselnd von unten nach oben und in der nächsten Kammer von oben nach unten durch den Kies. Eine Pumpe in der letzten Kammer fördert das Wasser in den Teich zurück.

Gelungener Neubau

Ort:	Riesa (Sachsen)
Teichform:	nierenförmig
Teichoberfläche:	ca. 20 m²
Teichtiefe:	durchgehend 2,20 m
Abdichtung:	GFK
Wasservolumen:	34 m³
Bodeneinläufe:	2
Skimmer:	1
Filterung:	großer Vortex (2 m Durchm.) und 4 biologische Filterkammern, Gesamtinhalt 9 m³.
Sonstiges:	1 UV-C 55 W, 2 Hiblow 40, wöchentlicher Teilwasserwechsel von 10%, im Winter Abdeckung mit Noppenfolie und Heizung mit Wärmetauscher von der Hausheizung auf 6 - 7 °C.
Besatz:	15 Koi von 30 bis 55 cm

Seine erste Koianlage musste er wegen Umzugs in dieses Neubau-Grundstück aufgeben. Aber so bot sich 2000 für Goetz Richter auch die Möglichkeit, alles nochmals neu und besser zu machen. Es entstand der hier abgebildete Teich aus gemauerten Betonsteinen mit aufgemauerter Klinkersteinrolle am Rand an der Terrassenseite. Den Rest des Ufers bilden Bruchsteine aus rotem Granit.

63

Fotos: L. Gelhaar

Ort:	Ritterhude (Niedersachsen)
Teichform:	liegende Acht
Teichoberfläche:	22 m²
Teichtiefe:	1,20 – 2,90 m
Abdichtung:	aufgeschweißte Polymer-Schweißbahnen
Wasservolumen:	42 m³
Bodeneinläufe:	2
Skimmer:	1
Filterung:	17 m³ fassender Schwerkraftfilter, bestehend aus einer 15 m³ großen Absetzkammer und 4 parallelgeschalteten Kammern je 3 m³, die dann wieder in einer Pumpenkammer vereinigt sind. Siebeinsätze in der Absetzkammer fangen den groben Schmutz auf.
Sonstiges:	3 Hiblow 40, wöchentlich 3 m³ Frischwasser. Im Winter Abdeckung mit einer halbrunden Konstruktion aus Doppelstegplatten und Beheizung mit Wärmetauscher der Hausheizung.
Besatz:	26 Koi von 30 bis 60 cm

Japan vor der Tür

Seit 1982 befasst sich Lothar Gelhaar dem Thema Gartenteich und sammelt Erfahrung mit Teichen und typischen Fischen, wie Goldfischen, Goldorfen und auch Eurokoi.

Mit dem Umzug auf ein anderes Grundstück war 1993 die Möglichkeit gegeben, einen neuen Teich anzulegen, der aber schon 2000 durch Anbau eines großen Teichteils erweitert wurde. Die Wände des Teiches bestehen aus Betonschalsteinen, die durch Einbringen von Moniereisen und Vergießen mit Beton verbunden wurden. Als Dachdeckermeister verwendete Lothar Gelhaar für die Abdichtung aufgeschweißte Spezial-Polymerbitumen-Schweißbahnen. Nur der Filter erhielt eine GFK-Abdichtung. Die Ufergestaltung besteht aus großen Findlingen und gemauerten Klinkern. Im Hintergrund wachsen Azaleen, Ahorn und Bambus, Steinlaternen und Bonsai vervollständigen das Bild.

64

Foto: Mike Harvey

Stimmiges Ensemble

Mike Harvey ist einer meiner ältesten Koifreunde. Er ist sehr aktiv und wir sahen uns erstmalig 1991 in Niigata (Japan). In der Folge begegneten wir uns immer wieder bei den verschiedensten Koi-Shows, z.B. in Singapur und Holland. Seit einigen Jahren bereist er auch als gefragter Wertungsrichter Koi-Shows in aller Welt.

1991 besaß er seine ersten Koi und baute diese Anlage im Jahr 2000. Sie besteht aus einem Hauptteich und mehreren kleinen, flachen, höher liegenden und bepflanzten Teichen, die durch Wasserfälle mit dem Hauptteich verbunden sind.

Ort:	Ballito (Südafrika)
Teichform:	quadratisch mit abgerundeten Ecken
Teichoberfläche:	22,5 m²
Teichtiefe:	2 m
Abdichtung:	Beton mit Marbelite Oberflächen behandelt
Wasservolumen:	45 m³
Bodeneinläufe:	4
Skimmer:	1
Filterung:	1 Absetzkammer und 4 Vortexe führen in 2 große Biofilter mit 3 Kammern. Das Gesamtfiltervolumen von 10 m³ wird stündlich ein Mal vom Teichwasser durchflossen.
Sonstiges:	Belüftung durch 5 Wasserfälle, 2 Venturidüsen und 1 Hiblow 100 für die Filterkammern, 1 UV-C 55W, Wasserwechsel 5 m³/Woche.
Besatz:	28 Koi von 30 bis 75 cm

Foto: Freilinger

Ort:	Sünching (Bayern)
Teichform:	freie Form
Teichoberfläche:	ca. 22 m²
Teichtiefe:	2,5 m
Abdichtung:	2,5 mm PE-Folie
Wasservolumen:	50 m³
Bodeneinläufe:	2
Skimmer:	1
Filterung:	Vortex und Vierkammer-Filter, 10 m³ Pflanzenfilter.
Sonstiges:	1 Aquamax 15000 l/h, 1 Aquamax 5000 l/h, 1 Estro Sieve, 1 UV-C 55 W, 1 Algae-Terminator (Ultraschall)
Besatz:	19 Koi von 25 bis 65 cm

Japan-Style in der Oberpfalz

Die Koianlage von Hans Freilinger aus Sünching in der Oberpfalz ist sehr geschmackvoll im japanischen Stil gestaltet. Insbesondere die zahlreichen Granit-Findlinge und verschiedenen japanischen Dekorationselemente faszinieren hier jeden Betrachter.

Teich vor der Tür

Der nierenförmige Teich, über den an der schmalsten Stelle eine gebogene Brücke mit Geländer führt, ist an einer tiefer liegenden Stelle vor dem Wohnhaus angelegt. Dabei wurde der Teichrand übererdig gestaltet und mit Granitplatten verkleidet.

Tiefes Wasser mit den Koi befindet sich links von der Brücke mit einem Durchmesser von 3 m. Der rechte Teil ist flacher und mir Sumpfpflanzen besetzt.

Ort:	Kitzscher, OT Hainichen (Sachsen)
Teichform:	nierenförmig
Teichoberfläche:	ca. 12 m²
Teichtiefe:	im tiefen Teil 2,20 m
Abdichtung:	GFK
Wasservolumen:	20 m³
Bodeneinläufe:	1
Skimmer:	1
Filterung:	Vierkammer-Filter (2 m³)
Sonstiges:	UV-C 36 W, 1 Hiblow, Teilwasserwechsel alle 14 Tage.
Besatz:	8 Koi von 45 bis 90 cm

Fotos: Sebastian Quillmann

Ort:	Voerde (Nordrhein-Westfalen)
Teichform:	frei geformt
Teichoberfläche:	50 m²
Teichtiefe:	max. 2 m
Abdichtung:	3 mm dicke Tunnelfolie
Wasservolumen:	75 m³
Bodeneinläufe:	4
Skimmer:	1
Filterung:	mit 2 parallelen Mehrkammer-filtern mit Vortex, zusätzlich 1 Pflanzenfilter.
Sonstiges:	1 Hiblow 100, 1 Kolbenkompressor, 1 Sauerstoffkonzentrator, 1 Ozonanlage, 1 Eiweißabschäumer, 1 UV-C 2 x 72 W, 1 pH-Wert-Steuergerät mit Salzsäure.
Besatz:	21 Koi von 60 bis 90 cm

Koi-Landschaft

Der Gartenteich mit Koi aus dem Jahr 1197 wurde bereits 1999 umgebaut und von 30 m³ auf 50 m³ Wasserinhalt erweitert. Die hier abgebildete Teichanlage ist das Ergebnis des zweiten Umbaus von 2001. Mit ihrem japanischen Flair (japanische Steinlaternen, Bonsai und Gartenbonsai) bildet die Anlage den Blickfang und das Hauptelement im Garten, der mit seiner Rasenfläche an schwarzem Basaltsplit des Teichrands mit Basaltsteinen, Steinlaternen und geschnittenen, niedrigen Büschen angrenzt. Ein dichter Bambuszaun grenzt das Grundstück nach außen hin ab.

Altersgerechtes Paradies

Ort:	Gossau (Schweiz)
Teichform:	streng rechteckig
Teichoberfläche:	18 m²
Teichtiefe:	2 m
Abdichtung:	Beton, 1,5 mm PVC-Folie
Wasservolumen:	36 m³
Bodeneinläufe:	2
Skimmer:	1
Filterung:	1 Vortex und eine 3 m³ fassende Kammer mit Bürsten und Wabenschwämmen.
Sonstiges:	Der naturnahe Gartenteich und der Koiteich sind durch 2 Pumpen und über die Filterung miteinander verbunden.
Besatz:	16 Koi von 25 bis 45 cm

Alles begann 1976 mit einem Goldfischteich im Garten, in den jedoch schon 1981 einige Koi gesetzt wurden. Das Wasser wurde trübe und Harry Scherrer ließ deshalb einen Filter anbauen.

1998 ging Harry Scherrer in den Ruhestand, nun nahm er einen speziellen Koiteich in Angriff: An die Beschwerden des Alters denkend, ließ er diesen Teich von der Firma Boehrer übererdig bauen, so dass er sich in Zukunft weder knien noch hinlegen muss. Der Teich wurde aus Schalungsbeton gefertigt, außen mit Sandsteinplatten verkleidet und oben am Rand mit Granitplatten abgedeckt.

70

Das Schmuckstück

Der Koiteich von Michael Vigilowsky ist ein Schmuckstück im Grundstück mit sehr schöner Umfeldbepflanzung. Der Sitzplatz mit Tisch und Stühlen am Teich lädt jederman zum Beobachten und Füttern der Koi ein.

Ort:	Dresden (Sachsen)
Teichoberfläche:	25 m²
Tiefe:	1,60 – 1,80 m
Abdichtung:	GFK
Wasservolumen:	40 m³
Bodeneinläufe:	2
Skimmer:	1
Filterung:	Vortex und Vierkammerfilter
Sonstiges:	Hiblow 60 mit 10 Ausströmern, UV-C 55 W, Wärmetauscher hält Temperatur im Winter bei 6 °C.
Besatz:	25 Koi von 30 bis 75 cm

Fotos: Gloede

Ort:	Mansfeld – OT Großörner (Sachsen-Anhalt)
Teichform:	nierenförmig
Teichoberfläche:	15 m²
Teichtiefe:	0,80 – 1,50 m
Abdichtung:	1 mm PVC-Folie
Wasservolumen:	ca. 20 m³
Bodeneinläufe:	2
Skimmer:	1
Filterung:	Vortex und Vierkammerfilter, Patronenfilter und Pflanzenfilter
Sonstiges:	1 Kolben-Luftpumpe mit 8 Ausströmern, 1 Hochfrequenz-UV-C 36 W, alle 2 Wochen wird der Wasserverlust durch Filterreinigung ersetzt, Fische überwintern ohne besondere Maßnahmen.
Besatz:	16 Koi von 30 bis 70 cm

Koi & Bonsai

Als Fred Gloede im Frühjahr 2000 seine ersten Koi kaufte und in den vorhandenen Gartenteich setzte, war ihm bald klar, dass er diesen ändern müsste. So begann er mit dem Umbau, der sich mit der Gestaltung bis Sommer 2001 hinzog.

Der Teichrand besteht aus vermörtelten Findlingen von bis 120 kg. Inzwischen wurde die Gartenanlage ständig verschönert. Sie hat mehr und mehr einen japanischen Stil angenommen, und es ist leicht zu erkennen, dass die Pflege von Bonsai Fred Gloedes zweite große Leidenschaft ist.

Eine Welt für Koi

Die in Tschechien wohnende Viatnamesin, Frau Thi Thu Phong Vu, bewohnt ein luxuriöses Grundstück. Hinter dem Wohnhaus befindet sich seit 2007 eine große Wasseranlage, die aus drei Teichen besteht und insgesamt 100 m³ Wasser fasst.

In dem an sich ebenen Gelände wurden durch den Teichaushub verschiedene Hügel geschaffen. Die Ufergestaltung der Teiche besteht aus großen Flusskieseln an der Wasserseite und hellem Feinkies zum Land zu.

Das Wasser aus einem sehr großen, übererdigen Eigenbaufilter fließt zunächst in einen unbesetzten Teich in halber Höhe und ergießt sich dann im einen großen Schwimmteich. Von dort fließt das Wasser unter einer Bogenbrücke hindurch in den eigentlichen Koiteich, um von dort aus wieder in den Filter gepumpt zu werden.

Ort:	Veltrusy (Tschechien)
Teichoberfläche:	30 m²
Tiefe:	1,70 m
Abdichtung:	1,5 mm PVC-Folie
Wasservolumen:	20 m³, insgesamt stehen aber 100 m³ zur Verfügung
Bodeneinläufe:	2
Skimmer:	1
Filterung:	gepumpter, gemauerter, sehr großer Fünfkammer-Eigenbaufilter.
Sonstiges:	Hiblolw 100 mit Ausströmern im Filter, 4 UV-C 55W
Besatz:	33 Koi von 20 bis 50 cm

73

Foto: Mike Harvey

Ort:	Durban (Südafrika)
Teichform:	unregelmäßig
Teichoberfläche:	sehr groß
Teichtiefe:	1-2 m
Abdichtung:	Folie
Wasservolumen:	gesamt mehr als 110 m³
Bodeneinläufe:	6
Skimmer:	2
Filterung:	Unter dem Pavillon befinden sich 3 große Filter: 2 Absetz-kammern und 1 biologischer Filter.
Sonstiges:	Wasserfälle und Kaskaden erstrecken sich über 25 m Länge, 4 Umwälzpumpen à 1.1 KW halten das Wasser im Kreislauf
Besatz:	

Naturnahe Felsanlage

Gerard Loumeau besitzt bereits seit 1995 Koi. Ebenso alt ist auch seine Teichanlage, die aber in der Zwischenzeit manche Änderung erfahren hat.

Es ist eine naturnahe Felsenanlage mit vielen Wasserfällen und Wasserkaskaden. SIe besteht aus zwei Teichen: Das Wasser fließt von einem 24 m³ Teich durch einen Sumpfpflanzen-Garten in den Hauptteich mit 85 m³ Wasser. Alles zusammen arbeitet wie ein sehr großer biologischer Filter.

Platz am Wasser

Die Familie Zöllner wohnt im Rauhental in Sachsen. Das Wohnhaus und das dahinter liegende Gartengrundstück befinden sich in Hanglage und sind nur über sehr viele Treppenstufen erreichbar.

Der Garten ist in Etagen angelegt, es ist also wenig Platz für den Koiteich. Trotzdem hat Udo Zöllner im Jahr 2006 den Teich geschickt und auf engstem Raum sehr schön gestaltet.

Das war nur möglich, indem der Teich vorn eine niedrige, mit geschliffenem Naturstein abgedeckte Sandsteinmauer erhielt. Dadurch kommt man auch viel dichter an die Koi heran.

Ort:	Meißen (Sachsen)
Teichoberfläche:	ca. 16 m²
Tiefe:	1,30 – 1,80 m
Abdichtung:	Kautschukfolie 1,5 mm
Wasservolumen:	20 m³
Bodeneinläufe:	0
Skimmer:	1
Filterung:	Dreikammer-Schwerkraftfilter (1 m³)
Sonstiges:	UV-C 25 W, 1 Hiblow mit Ausströmern im Teich, Wasserwechsel ca. 1 m³ monatlich, Überwinterung mit Eisfreihalter und Belüftung.
Besatz:	18 Koi von 30 bis 65 cm

Fotos: Joachim Baute

Garten der Sinne

Ort:	Langelsheim (Niedersachsen)
Teichform:	oval
Teichoberfläche:	32 m²
Teichtiefe:	0,70 – 2,10 m
Abdichtung:	1,5 mm PE-Folie
Wasservolumen:	27 m³
Bodeneinläufe:	2
Skimmer:	0
Filterung:	Schwerkraftfilter wie oben beschrieben.
Sonstiges:	wöchentlich Frischwasser bei der Reinigung der Absatzkammer. In der Übergangszeit Heizung mit Solaranlage, im Winter Heizung mit Wärmetauscher auf Überlebenstemperatur.
Besatz:	35 Koi von 20 bis 75 cm

Seine ersten Koi hatte Joachim Baute schon 1985 und vier Jahre später begann er mit dem Bau dieses inzwischen beeindruckenden Koigartens. Der Teich ist im Sommer durch die üppige Bepflanzung weitgehend zugewachsen. Deshalb hier ein Bild im zeitigen Frühjahr.

Zur Zeit des Baues gab es nur wenige Informationsmöglichkeiten, deshalb ist der Teichrand ein Betonkranz, über den die Folie gezogen wurde. Mit Felssteinen und Sumpfpflanzen in Pflanzkörben wurde dann versucht, das Aussehen des Randes zu verbessern. Inzwischen haben die Pflanzen längst die Körbe gesprengt und decken den Rand recht gut ab. Gefiltert wird mit einem Eigenbau-Schwerkraftfilter, bestehend aus einer gemauerten Absetzkammer, einer Belebungskammer mit acht Ausströmern einer Hiblow 180 und vier biologischen Kammern sowie einem höher gelegenen Sumpfpflanzenbeet.

Fotos: H. Reiter

Für jede Jahreszeit

Horst und Masumi Reiter sind sehr engagierte Koifreunde. Besonders die Japanerin Masumi ist für den KLAN unentbehrlich, wenn es darum geht, auf den Koi-Shows in Deutschland und Holland sprachliche Barrieren zu überbrücken.

Der ovaler Koiteich wurde 1999 gebaut, liegt dicht an der Terrasse, mit dieser auf gleicher Höhe und lässt sich vom Wohnzimmer aus gut beobachten. Die Gartengestaltung am Teich erfolgte im japanischen Stil. Es wurden Stauden, Gräser und Gehölze gewählt, die entsprechend der Jahreszeiten unterschiedlich blühen und unterschiedliche Blattfärbungen zeigen.

Ort:	Tönisvorst (Nordrhein-Westfalen)
Teichoberfläche:	25 m²
Tiefe:	1,80 m
Abdichtung:	dreilagig mit 4 mm dicken Bitumenschweißbahnen
Wasservolumen:	22 m³
Bodeneinläufe:	1
Skimmer:	1
Filterung:	Vortex, Vierkammer-Schwerkraftfilter und Pflanzenfilter.
Sonstiges:	1 Hiblow 80, 1 Hiblow 20, 1 UV-C 22W, 1 UV-C56 W, Frischwassergabe täglich ca. 100 l, Überwinterung mit Wärmetauscher von Hausheizung auf 7-8 °C, Abdeckung mit Gerüst und Hohlkammerplatten.
Besatz:	22 Koi von 35 bis 70 cm

Baden mit Koi

Ort:	Altenburg (Sachsen)
Teichform:	oval
Teichoberfläche:	ca. 20 m²
Teichtiefe:	2,20 – 2,50 m
Abdichtung:	gewebeverstärkte PVC-Folie
Wasservolumen:	36 m³
Bodeneinläufe:	2
Skimmer:	1
Filterung:	Eigenbau im Filterhaus: 1 großer Vortex und 4 große runde Kammern mit Filterbürsten und Japanmatten.
Sonstiges:	3 Pumpen mit verschiedener Förderleistung, 1 Hiblow, Heizung im Winter auf 6° C mit Wärmetauscher von der Hausheizung.
Besatz:	24 Koi von 40 bis 50 cm

Seine ersten Koi pflegte der Fischereimeister Erhard Seidlitz schon 1996, und nach dem Umzug auf das jetzige Grundstück in Altenburg wurde dann 2001 ein riesiger Wassergarten angelegt. Besonders auffallend und beeindruckend ist der sehr großflächige Naturteich, der zum Baden genutzt wird. Die darin schwimmenden Koi fühlen sich auch ohne jegliche Filterung offensichtlich sehr wohl, wie man leicht daran erkennen kann, dass neben den Alttieren ganze Schwärme verschieden alter Jungkoi durch das Wasser ziehen.

Direkt an der Terrasse hinter dem Wohnkomplex befindet sich außerdem ein typischer Koiteich im japanischen Stil. Dieser ist steilwandig gemauert, und der Teichrand besteht aus sehr großen Bruchgranitsteinen. Die Filteranlage ist in einem speziellen Gebäude unterhalb des Erdniveaus untergebracht.

Fotos: Herbert Blasczyk

Beim Koihändler

Herbert Blasczyk baute seinen gut in den Garten eingepassten Koiteich 1990. Der Boden des Teiches wurde betoniert, die Wände gemauert und verputzt. Den abdichtenden Abschluss bildet eine GFK-Beschichtung, und die Ufergestaltung besteht aus großen runden Findlingen.

Heute handelt Herbert Blasczyk mit Koi und Teichzubehör.

Ort:	Wutöschingen-Schwerzen (Baden-Württemberg)
Teichoberfläche:	ca. 20 m²
Tiefe:	2,20 m
Abdichtung:	GFK
Wasservolumen:	42 m³
Bodeneinläufe:	1
Skimmer:	1
Filterung:	Schwerkraft-Mehrkammerfilter & Pflanzenfilter
Sonstiges:	
Besatz:	

Fotos: S. Klinder

Ort:	Zwönitz (Sachsen)
Teichform:	annähernd rechteckig
Teichoberfläche:	12 m²
Teichtiefe:	2,20 m
Abdichtung:	1 mm Kautschukfolie
Wasservolumen:	24 m³
Bodeneinläufe:	1
Skimmer:	1
Filterung:	Eigenbau-Vierkammer-Filter (2 m³)
Sonstiges:	1 Hiblow zur Belüftung der Filterkammern, 1 UV-C 36W.
Besatz:	8 Koi von 45 bis 90 cm

Das Tor im Garten

Sören Klinder pflegt seit 2003 Koi und begann im gleichen Jahr mit der Anlage seines Koigartens. Die gesamte Gartenanlage ist sehr aufwändig gestaltet. Insbesondere das imposante japanische Tor zieht die Blicke der Besucher auf sich. Aber auch im kleinen Koiteich fühlt sich eine Gruppe Koi sehr wohl.

Foto: A. Beitz

Gediegene Oase

Seit 1996 hat Alexander Beitz sein Herz an die Koi verloren. Der hier abgebildete und 2001 erbaute Teich hat mehrere Vorläufer, die immer wieder verbessert wurden.

Die Anlage macht mit ihren umlaufenden Platten am Ufer und mit der an der engsten Stelle über den Teich führenden Brücke einen sehr gediegenen Eindruck.

Ort:	Altlandsberg (Brandenburg)
Teichform:	Form einer Acht
Teichoberfläche:	ca. 38 m²
Teichtiefe:	1,00 – 2,15 m
Abdichtung:	1 mm PVC-Folie
Wasservolumen:	40 m³
Bodeneinläufe:	2
Skimmer:	1
Filterung:	modifizierter Fünfkammer-Filter von Oase, letzte Kammer mit Caldness.
Sonstiges:	1 Hiblow 40 belüftet die Caldness-Kammer, 1 UV-C 72 W, 1 UV-C 55 W, 1 Rohrpumpe 15 m³ sorgt für den Umlauf, wöchentlich 2,5 m³ Frischwasser, im Winter stark reduzierter Filterdurchlauf, keine Heizung.
Besatz:	20 Koi von 40 bis 60 cm

81

Ort:	Coswig (Sachsen)
Teichoberfläche:	38 m²
Tiefe:	1,10 – 2,10 m
Abdichtung:	2 mm PE-Folie
Wasservolumen:	50 m³
Bodeneinläufe:	1
Skimmer:	1
Filterung:	Votex und 4 Kammer-Schwer-kraftfilter, ges. 7 m³
Sonstiges:	1 UV-C 55W, 1 Hiblow 60, wöchentlich 1,5 m³ Frisch-wasser, im Winter Abdeckung mit Styrodur-Platten & PE-Kugeln sowie Heizung mit Wärmetauscher auf 4 °C.
Besatz:	28 Koi von 30 bis 65 cm

Teich als Hausanbau

Jörg und Angelika Lange bauten diese schön angelegte und gut funktionierende Koianlage 2004. Sie ist direkt an das Wohnhaus angebaut. Vom Keller aus ist der Filter teilweise zugängig und ein Glasfenster erlaubt es, die Koi auch von der Seite zu sehen.

Der ovale Teich ist steilwandig aus Betonsteinen gemauert, mit Estrich verputzt und mit 2 mm PE-Folie ausgekleidet. Die Teichrandgestaltung besteht aus Steinen, Pflanzen und Holz.

Koi im Hufeisen

Der Koiteich der Familie Raschke aus Merseburg in Sachsen-Anhalt ist hufeisenförmig angelegt. Der gesamte Garten ist mit ansprechenden Pflanzen und Dekorationselementen im asisatischen Stil versehen. So entstand für Familienmitglieder und Freunde des Hauses ein Ort der Entspannung.

Ort:	Merseburg (Sachsen-Anhalt)
Teichoberfläche:	18 m²
Tiefe:	durchgehend 2 m
Abdichtung:	GFK
Wasservolumen:	30 m³
Bodeneinläufe:	1
Skimmer:	1
Filterung:	Vortex und Vierkammer-Filter
Sonstiges:	1 Hiblow 40 mit 10 Aussströmern im Filter, 1 UV C 55W, Frischwasser wöchentlich 3 m³, im Winter Abdeckung mit Hohlkammerplatten.
Besatz:	15 Koi von 20 bis 65 cm

Fotos: Raschke

Fotos: Kölle Zoo

Gesamtkunstwerk

Ort:	Großraum Heilbronn
	(Baden-Württemberg)
Teichoberfläche:	ca. 85 m²
Tiefe:	max. 2,20 m
Abdichtung:	4- bis 5-lagig GFK
Wasservolumen:	75 m³
Bodeneinläufe:	2
Skimmer:	1
Filterung:	Vierkammer-Nyara-Filter und
	Sandfilter PTK 800
Sonstiges:	1 Hiblow mit Ausströmern im
	Filter, 6 UV-C 55W, 1 Multi-
	control-Gerät mit Salzsäuredo-
	sieranlage, 10% Wasser-
	wechsel alle 14 Tage.
Besatz:	40 Koi von 45 bis 90 cm

Die Besitzer dieser wunderschönen, weitläufigen Koianlage beauftragten die Firma Kölle-Zoo im Jahr 2000 mit dem Entwurf und dem Bau.

Für das gepflegte Ambiente wurden nur ausgesucht wertvolle Materialien verwendet. Besonders beeindruckend sind die kunstvolle Gestaltung mit japanischen Gartenbonsai, Marmor- und Granitmauerwerk, die imposante Felsendekoration und die stilechten Laternen. Die nächtliche Illumination verleiht der Anlage ein zusätzlich exotisches Flair.

Der Teich ist L-förmig mit vier bis fünf Lagen GFK-Laminat. Die Teichrandgestaltung erfolgte mit Travertin.

Dreier-Verbindung

Diesen sehr großen und schön gestalteten Koiteich baute im Jahr 2007 ebenfalls die Firma Floors Koi Shop. Sie besteht drei miteinander verbundenen Teichen.

Den ersten und zweiten Teil bilden den Pflanzenfilter und der Mittelteil ist vorwiegend mit Seerosen bepflanzt.

Ort:	Niederlande
Teichoberfläche:	74 m²
Tiefe:	1,70 m
Abdichtung:	GFK
Wasservolumen:	120 m³
Bodeneinläufe:	5
Skimmer:	3
Filterung:	Selbstbau: 2 Filterlinien 5 x 1,20 x 1 m, 5 x 1 x 1 m, 1 Pflanzenfilter 12 m².
Sonstiges:	3 Hiblow 60 für Filter und Teich, 3 UV-C 110 W, Wasserwechsel 15% wöchentlich, keine Heizung im Winter.
Besatz:	33 Koi von 50 bis 80 cm

Fotos: Floors Koi Shop

85

Foto: Kölle Zoo

Ort:	Großraum Heilbronn (Baden-Württemberg)
Teichoberfläche:	ca. 165 m²
Tiefe:	max. 2,80 m
Abdichtung:	4- bis 5-lagig GFK
Wasservolumen:	80 m³
Bodeneinläufe:	2
Skiommer:	1
Filterung:	1 Clearwater-Papierfilter mit 1000 Litern Siporax und 1 Sandfilter PTK 650 mit Pumpe 15 m³/h, Sauerstoffzufuhr durch Wasserfall und Sauerstoffgerät, 5 UV-C 30W & 6 UV-C 55W, 1 Multicontrol-Gerät, 10 % Wasserwechsel alle 14 Tage, im Winter wird die Temperatur mit einer geregelten elektrischen Heizung auf 6 °C gehalten.
Besatz:	55 Koi von 55 bis 98 cm

Besinnlicher Ort

1998 baute die Firma Kölle-Zoo diese außergewöhnlich großzügige Anlage. Es entstand eine geschmackvolle Oase der Ruhe und Besinnlichkeit aus hochwertigen Komponenten, wie japanischen Bonsai, großzügiger Felsendekoration, schöner Uferflora und Wasserspiel.

Der Teich hat die Form einer Acht und wird von einer Brücke überspannt. Der Teichrand besteht aus Granit.

Teiche mit Bachlauf

Die bereits seit mehreren Jahren vorhandene Koianlage der Familie Kirsten wurde im Jahr 2011 etwas umgebaut. Der in seiner Form unregelmäßige Teich ist jetzt mit dem kleinen, vorher getrennten Teich durch einen Bachlauf verbunden und bildet so mit dem Hauptteich die Form einer verschobenen Acht.

Die Koianlage befindet sich im Vorgarten, ist nicht sehr groß, aber doch recht hübsch, wie aus den Fotos ersichtlich ist.

Ort:	Bad Lausick (Sachsen)
Teichoberfläche:	12 m²
Tiefe:	großer Teich 2 m, kleiner Teich 0,80 m
Abdichtung:	GFK
Wasservolumen:	20 m³
Bodeneinläufe:	1
Skimmer:	1
Filterung:	Vortex (2 m³) und Vierkammer-Filter (2 m³)
Sonstiges:	Automatische Ablauf- und Zulauf-Einrichtung, UV-C 36 W, im Winter Abdeckung mit Hohlkammer-Platten.
Besatz:	14 Koi von 40 bis 60 cm

Fotos: Jochen Bormann

Ort:	Ellrich/Harz (Thüringen)
Teichfläche:	ca. 54 m²
Tiefe:	0,80 – 1,80 m
Abdichtung:	1,14 mm EPDM-Kautschukfolie
Wasservolumen:	36 m³
Seiteneinlauf:	1
Skimmer:	1
Filterung:	1 Vortex und großer Pflanzenfilter in Form eines Teiches.
Sonstiges:	Wasserfall und bepflanzter Bachlauf, 1 UV-C 36W, Frischwasser wöchentlich oder nach Bedarf.
Besatz:	14 Koi von 30 bis 55 cm

Asien am Harz

Nach einem kleinen Gartenteich legte Jochen Bormann 1992 einen größeren Teich an. Durch die ersten Koi, die er geschenkt bekam, wurden die Koi immer mehr und die anderen Fische immer weniger.

Die so gestiegenen Bedürfnisse veranlassten ihn im Herbst 2001 wiederum, die bestehende Anlage völlig zu erneuern und zu vergrößern. Es entstand ein Teich mit angedeuteter L-Form. Entsprechend des angestrebten asiatischen Stils wurde der Teichrand mit Natursteinen gestaltet.

Bruchstein-Akzente

Die Famile Novák hat ein neues Grundstück bezogen und damit war auch der Neubau eines Koiteiches erforderlich.

Man hatte aus den Fehlern des Teiches am alten Hausstandort gelernt und dieses Mal wurde er wesentlich schöner und technisch besser.

Die Form des Teiches ist aus dem Foto ersichtlich, der Teichrand ist mit Porphyr-Bruchsteinen gestaltet und eine abgewinkelte Brücke führt darüber hinweg.

Ort:	Brandis n.L. (Tschechien)
Teichoberfläche:	ca. 60 m²
Tiefe:	1 bis 3 m
Abdichtung:	1,5 mm PVC-Folie
Wasservolumen:	mit Filter 120 m³
Bodeneinläufe:	2
Skimmer:	2
Filterung:	4 Siebfilter mit 4 Pumpen à 45 m³/h, 25 m² großer Pflanzenfilter mit *Iris pseudacorus* in 1 m dickem Kiesbett, von unten durchströmt.
Sonstiges:	2 Ozonisatoren 25 W, Luftpumpe für 2 Luftdome über den Bodeneinläufen für 2 Ausströmer.
Besatz:	ca. 100 Koi von 25 bis 60 cm

Ort:	Veltrusy (Tschechien)
Teichoberfläche:	25 m²
Tiefe:	0,80 – 1,30 m
Abdichtung:	1,5 mm PVC-Folie
Wasservolumen:	24 m³
Bodeneinläufe:	2
Skimmer:	1
Filterung:	gepumpter FIAP-Mehrkammerfilter und 2 Spaltfilter 200 und 300 Mikron
Sonstiges:	1 Hiblow 40, Frischwasserzugabe automatisch täglich 100 l. Im Winter Heizung mit Wärmepumpe und Abdeckung mit Spezial-Schwimmplatten der Fa. Janda, Prag.
Besatz:	54 Koi von 40 bis 90 cm

Spiel mit Wasser

Ladislav Nemec legte seinen schönen und sehr gepflegten Koigarten im asiatischen Stil 2005 an. Besonders auffallend sind die vielen hochwertigen Pflanzen und Bonsai-Gehölze. Zwei Teiche bestimmen den Garten: Ein großer mit Wasserfall für die großen Koi sowie und kleiner, flacherer für die kleineren Koi. Besonderer Blickfang: Ein Wasserlauf quer durch die Anlage.

Fotos: Jänicke

Ort:	Braunsbedra (Sachsen-Anhalt)
Teichoberfläche:	20 m²
Tiefe:	2,00 – 2,35 m
Abdichtung:	GFFK
Wasservolumen:	40 m³ und 5 m³ Filter
Bodeneinläufe:	1
Skimmer:	1
Filterung:	Absetzkammer & Vier-kammer-Filter
Sonstiges:	Kompressor 50 W mit 10 Aus-strömern im Filter, 1 UV-C 55 W.
Besatz:	27 Koi von 20 bis 40 cm

Die steinerne Brücke

Helmut Jänicke hat seinen Koiteich in freier Form gestaltet. Über die verengte Stelle führt eine steinerne Brücke. Die Brücke und die Randgestaltung des Teiches sind mit verfugten Natursteinplatten gestaltet.

Fotos: S. Quillmann

Koiteich mit Einblick

Günter Engels ist seit 1999 Koiliebhaber. Er baute seinen Koiteich in unregelmäßiger Form von 1999 bis 2003 mit mehrmaligen Änderungen. Der Teichrand besteht aus Bruchsteinen und großen Kieseln.

Eine besondere Attraktion ist die eingesetzte große Sichtscheibe, durch die sich von der Terrasse bequem die Fische unter Wasser beobachten lassen.

Ort:	Duisburg (Nordrhein-Westfalen)
Teichoberfläche:	60 m²
Tiefe:	0,50 – 2,90 m
Abdichtung:	Deponiefolie 3 mm
Wasservolumen:	75 m³
Bodeneinläufe:	3
Skimmer:	1
Filterung:	Absetzkammer und Patronenfilter
Sonstiges:	Redox-Anlage, Hiblow 100 mit 10 Ausströmern im Filter. Nur bei großer Kälte wird der Teich im Winter von der Hausheizung aus geheizt.
Besatz:	40 Koi von 20 bis 90 cm

Fotos: Bach

Ort:	Kaltenengers (Rheinland-Pfalz)
Tiefe:	1,25 – 2,25 m
Abdichtung:	2,8 mm PE-Folie
Wasservolumen:	40 m³
Bodeneinläufe:	2
Skimmer:	1
Filterung:	Vortex und Mehrkammer-Filter, 1,5 m³ fassender Behälter mit Japanmatten, Eiweißabschäumer.
Sonstiges:	1 UV-C 36 W, große Hiblow zum Belüften der Filterkammern.
Besatz:	30 Koi von 15 bis 80 cm und 2 Störe.

Japan am Rhein

Die Familie Bach kam 1997 zum Koihobby. Alles begann mit einem Gartenteich und einigen kleinen Koi. Schnell keimte der Wunsch, den Teich zu vergrößern. Dabei wurden einige Fehler gemacht, sodass der Teich trübe blieb.

Um einen richtigen Koiteich zu bauen, wurde ein ganzes Jahr lang versucht, die besten Informationen über den Koiteich-Bau herauszufinden.

Das Ergebnis war ein fachlich einwandfrei gebauter Teich: Auf einer 20 cm dicken Beton-Grundplatte wurden die Seitenmauern mit zwei Ringankern hochgezogen, was eine sehr stabile Grundlage für die aufgemauerten Basaltfelsen am Ufer bildete.

Paradies im Garten

Nach Kauf des hanglagigen Grundstückes und Ausbau einer Scheune zum Wohnhaus legten Schlegels zunächst einen schönen Naturteich im unteren Teil des Geländes an, in dem auch einige Koi lebten.

Anschließend folgten Bauaktionen Jahr für Jahr und Schlag auf Schlag: Ein großes Fischhaus am Wohnhaus zum Überwintern der Koi, dann ein Koi-Außenteich und schließlich die Umgestaltung des Gartens im japanischen Stil.

Die letzte große Aktion war von 2007 bis 2008 der Bau eines wunderschönen Koiteiches vor der japanisch gestalteten Veranda am Wohnhaus an der Stelle des damals vorhandenen Swimmingpools.

Ort:	Meißen (Sachsen)
Teichoberfläche:	30 m²
Tiefe:	1,25 m
Abdichtung:	Beton und flüssige Folie
Bodeneinläufe:	1
Skimmer:	1
Filterung:	Spaltsiebfilter, Eigenbau-Druckfilter mit Siporax und Rieselfilter
Sonstiges:	1 UV-C 55W
Besatz:	30 Koi von 40 bis 80 cm

95

Ort:	Großraum Leipzig (Sachsen)
Teichoberfläche,	
großer Teich:	40 m²,
kleiner Teich:	10 m²
Tiefe:	1,00 – 2,5 m
Abdichtung:	1,5 mm PVC-Folie
Wasservolumen:	62 und 8 m³
Bodeneinläufe:	2
Skimmer:	1
Filterung:	Vortex und Vierkammerfilter (9 m³)
Sonstiges:	Hiblow 40 mit Ausstr. im Filter und Teich, UV-C 110W, im Winter Abdeckung mit Schwimmfolie, evtl. Heizung mit Wärmetauscher der Hausheizung.
Besatz:	45 Koi von 20 bis 90 cm

Hungrige Mäuler

Die Familie baute ihre Koianlage 2007 und entwickelte sie in der folgenden Zeit durch zusätzliches Zubehör, wie Plastiken, Pflanzen und Bemalung des im Grundstück angrenzenden Gebäudes immer weiter. Auch die eingesetzten Koi haben sich in der Zwischenzeit zu ansehnlicher Größe entwickelt. Sie sind immer hungrig und betteln jeden ankommenden Besucher nach Futter an.

Der Hauptteich ist etwa L-förmig, im angefügten kleinen rechteckigen Teich mit Seerosen befinden sich einige junge Nachzucht-Koi.

Kleines Koi-Juwel

Rolf Schirmer zeigt mit seinem Koigarten, dass auch ein kleiner Koiteich ansehnlich und schön sein kann.

Es ist hauptsächlich die Bepflanzung am Ufer, die den rechteckigen Teich attraktiv macht. Die Anlage ist noch sehr jung und erst im Jahr 2011 entstanden. Auch die eingesetzten Koi sind noch klein und wurden auf Zuwachs gekauft.

Ort:	Leipzig (Sachsen)
Teichoberfläche:	7,5 m²
Tiefe:	2,20 m
Abdichtung:	GFK
Wasservolumen:	17 m³
Bodeneinläufe:	1
Skimmer:	1
Filterung:	Dreikammer-Filter
Sonstiges:	Hiblow 40 mit Ausströmern im Filter, UV-C 36 W, Frischwasser 3 m³ monatlich, im Winter Abdeckung mit Hohlkammer-Platten.
Besatz:	8 Koi von 20 bis 25 cm

Fotos: Floors Koi Shop

Ort:	Niederlande
Teichoberfläche:	ca. 11 m²
Tiefe:	1 m
Abdichtung:	PVC-Folie 1mm
Wasservolumen:	9 m³
Bodeneinläufe:	1
Skimmer:	1
Filterung:	Vortex, Zweikammer-Filter
Sonstiges:	Hiblow 60 W mit Ausströmern im Filter und Teich, UV-C 55 W, 10% Wasserwechsel wöchentlich, Überwintern ohne Heizung
Besatz:	12 Koi von 20 bis 60cm

Im edlen Rahmen

Diese sehenswerte Koianlage ließ sich ein engagierter Koiliebhaber aus den Niederlanden von der Firma Floors Koi Shop bauen.

Die unregelmäßige, stufig gehaltene Wasserfläche wird am Teichrand von edlem Bangkirai-Holz umrahmt. Bonsai geben dem Ganzen den weiteren japanischen Touch.

98

Fotos: Floors Koi Shop

Teich mit Schwung

Großzügig und geschwungen präsentiert sich dieser Koiteich in den Niederlanden. Auch hier zeichnet die Firma Floor Koi Shop verantwortlich – ebenfalls für die umrahmende Gartenbepflanzung rund um die Anlage. Der mit Polyester abgedichtete Teich ist am Ufer mit runden Findlingen eingefasst.

Ort:	Niederlande
Teichoberfläche:	45 m²
Tiefe:	0,70 – 2,00 m
Abdichtung:	GFK
Wasservolumen:	60 m³
Bodeneinläufe:	2
Skimmer:	3
Filterung:	Selbstbau: 2 Vortex mit je einer Filterlinie von 5 x 2 m, 1 Pflanzenfilter von 10 m².
Sonstiges:	3 Hiblow 60 für Filter und Teich, 3 UV-C 55 W, 10% Wasserwechsel wöchentlich, im Winter keine Heizung.
Besatz:	30 Koi von 35 bis 85 cm

Fotos: T. Breuls

Ort:	Eijsden (Niederlande)
Teichoberfläche:	15 m²
Tiefe:	2,10 m
Abdichtung:	GFK
Wasservolumen:	32 m³
Bodeneinläufe:	1
Skimmer:	1
Filterung:	Vierkammer-Schwerkraftfilter
Sonstiges:	1 UV-C 55 W, 1 Hiblow 80, Überwinterung ohne Heizung.
Besatz:	17 Koi von 25 bis 75 cm

Romantik pur

Ton Breuels übernahm einen 1740 gebauten Bauernhof und änderte ihn nach seinen Bedürfnissen.

Nach einem ersten Teich mit einer Oberfläche von 2 m x 3 m baute er von 2004 bis 2005 diesen an die Architektur des Bauernhofes angepassten Koiteich. Es entstand eine ausgesprochen romantische und schöne Koianlage. Der Teich ist 5 m x 3 m groß und 2,10 m tief. Eine eingebaute Sichtscheibe ermöglicht das Betrachten der Koi von der Seite.

Reich der Stille

Die Familie baute 1995 ihren ersten Teich. Durch den Kauf von Koi merkte sie bald, dass dieser viel zu klein war. Beim Bau des Hauses wurde 1997 dann gleich ein Teich mit angebaut, der inzwischen schon dreimal umgebaut wurde.

Der Teich ist eine Oase der Ruhe und sein birnenförmiges Ufer ist schön bepflanzt.

Ort:	Moritzburg (Sachsen)
Teichoberfläche:	ca. 40 m²
Tiefe:	1,40 – 1,75 m
Abdichtung:	2 mm PVC-Folie
Wasservolumen:	60 m³
Bodeneinläufe:	3
Skimmer:	1
Filterung:	Achtkammer-Filter und Beadfilter
Sonstiges:	1 Teichdurchlüfter mit 2 Ausströmern, 1 UV-C 55 W, Überwinterung ohne Heizung.
Besatz:	14 Koi von 20 bis 65 cm

Ort:	Grimma (Sachsen)
Teichform:	liegende Acht
Tiefe:	0,60 bis 3,0 m
Wasservolumen:	116 m³
Abdichtung:	GFK
Bodeneinläufe:	4
Skimmer:	2
Filterung:	großer Filter mit Vortex, Bürstenkammer, drei kleine und zwei große Filtermatten-Kammern
Sonstiges:	1 Ozon- und 1 UV-C-Gerät 33 W, 2 Hiblow 80 W, 3 m³ Frischwasser/Woche,
Besatz:	24 Koi von 40 bis 90 cm

Schöne Erweiterung

Mathias Bauch hat seine früher schon sehr ansprechende Koianlage im Jahr 2008 wesentlich vergrößert und verschönert. Dabei wurde ein zusätzliches Wasserbecken gebaut. Durch die Verwendung von GFK als Abdichtmaterial ist die Kombination des alten mit dem neuen Teich möglich gewesen. Als auffallende Details sind ein Pavillon und eine Brücke hinzugekommen. Die Brücke bildet die Trennung zwischen dem alten und dem neuen Teich.

Koi in der Schule?

Die Baumschule Schumann hat auf ihrem Firmengelände eine sehr schöne, mit Koi und Goldfischen besetzte Teichanlage gebaut.

Die nicht sehr große Anlage zeigt deutlich, dass für die wahre Schönheit nicht die Größe maßgebend ist. Sie werden mir sicher zustimmen, dass die Bank in dieser Anlage förmlich einlädt, hier Platz zu nehmen.

Ort:	Radebeul (Sachsen)
Teichoberfläche:	ca. 24 m²
Tiefe:	1,50 m
Abdichtung:	1,5 mm PVC-Folie
Wasservolumen:	25 m³
Bodeneinläufe:	1
Skimmer:	1
Filterung:	Mehrkammer-Schwerkraft-filter
Sonstiges:	1 Teichdurchlüfter mit 2 Ausströmern, 1 UV-C 55 W
Besatz:	ca. 5 Koi und Goldfische

Schlussbetrachtung

In diesem Buch habe ich Ihnen Teichanlagen von vielen Koiliebhabern vorgestellt. So weit sie mir bekannt wurden, habe ich versucht, alle Details dieser Anlagen zu beschreiben. Hinter allen Koiteichen steckt eine eigene Geschichte. Oftmals wurde der Bau eines Koiteichs mit großen Unkenntnissen begonnen, was in der Folgezeit dann häufige Änderungen zur Folge hatte. Immer herrschte das Bestreben vor, die Koi so optimal wie möglich zu halten. Jeder von mir besuchte oder angeschriebene Teichbesitzer pflegt seine Koi seit Jahren erfolgreich. Dabei wendet er teils bekannte, teils auch eigene Methoden an. Auch manche Unzulänglichkeiten sind oft noch vorhanden, was die Teichbesitzer meistens schon selbst bemerkt haben. Aber alle erreichen ein Ziel: Sie erhalten die Qualität des Teichwassers so, dass ihre Koi nicht nur überleben, sondern dass sie gesund bleiben, gut wachsen und weitgehend ihre Farben behalten oder verbessern.

Ich danke allen Koiliebhabern, die mir ihre Methoden und Techniken genau beschrieben oder gezeigt haben, damit sie in diesem Buch an andere Interessenten weitergegeben werden konnten.

Andererseits habe ich auch häufig auftretende Fehler festgestellt:

Keine Quarantäne-Einrichtung

Viele Koiliebhaber gehen ein unnötiges Risiko ein, weil sie keine Quarantäne-Einrichtung haben, in der sie kranke oder neu gekaufte Koi pflegen können. Sie setzen neue Fische direkt in den Teich und riskieren dadurch ihren gesamten Koibestand.

Zu großflächige Teiche

In bester Absicht werden Koiteiche oft sehr großflächig angelegt. Erst zu spät merkt man dann, dass es nicht möglich ist, erkrankte Fische heraus zu fangen und separat zu behandeln. Auch Fische zur Beschickung einer Ausstellung lassen sich nur nach nahezu völligem Ablassen des Teiches mit einem Schleppnetz und mehreren Helfern fangen. Günstiger ist es, den Teich schmaler oder eventuell durch eine Insel so zu gestalten, dass man alle Teile des Teiches mit dem langstieligen Fangnetz erreichen kann.

Filterprobleme

Die häufigsten gesundheitlichen Schwierigkeiten der Koi entstehen durch nicht optimale Filterung. Viele Filter sind zu klein und/oder müssen zu häufig und umständlich gereinigt werden. Das gefilterte Wasser ist oft nach Durchlaufen aller Filterkammern nicht einmal optisch klar. Es sollte erreicht werden, dass möglichst alle Schwebeteile schon nach Durchfließen der mechanischen Filterung (z.B. nach Durchfließen des Vortex und der Bürstenkammer) zurückgehalten werden. Das erreicht man bei biologischen Filtern durch extrem niedrige Fließgeschwindigkeit. Danach noch vorhandene Schwebeteile belasten und verstopfen die biologischen Filterkammern.

Bodeneinläufe

Oft wurde beobachtet, dass Probleme durch das Fehlen von Bodeneinläufen entstehen. Dadurch ist es nur schwer möglich, den Teich von dicken Schlammablagerungen frei zu halten. Schlammablagerungen müssen mit einem Schlammsauger entfernt werden.

Einsatz umfangreicher Technik

Es gibt auf dem internationalen Koimarkt eine kaum noch übersehbare Vielzahl von technischen Geräten für die Koihaltung, und nicht alle sind sinnvoll. Auf jeden Fall ist derjenige gut beraten, der das Wasservolumen seiner Anlage so groß hält, dass er die Technik auf das unbedingt Notwendige reduzieren kann. Auf keinen Fall darf die gesamte Anlage so ausgelegt sein, dass beim Ausfall eines technischen Gerätes binnen kurzer Zeit der gesamte Fischbestand gefährdet ist, man denke nur an einen Stromausfall.

Teichrandgestaltung

Bei den großen Fortschritten im Koiteichbau der letzten Jahre habe ich beobachtet, dass häufig der Teichrandgestaltung zu wenig Aufmerksamkeit geschenkt wird. Prinzipiell soll man am Teichrand nicht mit einem Blick erkennen können, aus welchem Material der Teich gefertigt wurde. Das ist aber leider in vielen Fällen so, oft schaut die Folie zentimeterweise heraus, oder der Teichrand aus GFK in knalliger Farbe sticht schmerzhaft ins Auge.

Außerdem darf ein Teichrand nicht wie eine Gesteins- oder Geröllhalde aussehen. Hier sollte man sich unbedingt die Ufergestaltung guter japanischer Teiche ansehen und mit der des eigenen Teiches vergleichen.

Literaturverzeichnis

Kuroki, T. (1981): The Latest Manual to Nishikigoi. Shuji Fujita, Shin Nippon-Kyoiku-Tosho Co., Shimonoseki-City

Kuroki, T. (1987): Modern Nishikigoi. 2. Aufl., Shuji Fushita, Shin Nippon-Kyoiku-Tosho Co., Shimonoseki-City

Teichfischer, B. (1988): Farbkarpfen, Leipzig, Jena, Berlin

Teichfischer, B. (1996): Koi in den schönsten Wassergärten, Ettlingen

Teichfischer, B. (1999): Nishikigoi – Faszinierendes Hobby Koi, Ettlingen

Teichfischer, B. (2001): Zauber asiatischer Wassergärten – Japanische und chinesische Gärten für Koi, Ettlingen

Teichfischer B. & I. (2005): Schöne Koiteiche, Ettlingen

Zeitschriften

KLAN koi-magazin, Krefeld 4x jährlich
Koi Kurier, Gütersloh, 4x jährlich
Gartenteich, Das Wassergarten-Magazin, Ettlingen, 4x jährlich (mit Sonderheften)
Nichirin, Beppu/Japan, monatlich (in englischer Sprache)

Erklärung der vorkommenden Fachbegriffe, technischen Geräte und des Zubehörs

(Wegen eventueller Auskunfts- und Übermittlungsfehler kann keine vollständige Garantie übernommen werden.)

Algae Terminator

Ein Gerät, das durch Aussenden von Ultraschall das Wachstum von Fadenalgen behindert.

Answer-Filter

Handelsname eines wartungsarmen Filters der Firma Evolution Aqua. Es handelt sich um eine Art Vortex, in dessen oberem Teil sich ein Siebzylinder befindet, durch den das Teichwasser von außen nach innen fließt und so gefiltert wird. Dieses Sieb wird zur kontinuierlichen Reinigung von zwei im Innern des Siebzylinders befindlichen, rotierenden Düsen ständig gespült, sodass es gereinigt wird und nicht verstopft. Bei Fadenalgen gibt es allerdings Probleme.

Aquarock

Handelsname für poröses Filtermaterial aus Gesteins- bzw. Keramikmaterial.

Biobloks

Handelsname für Filtermaterial aus Plastikformstücken.

Biotec 10 und Biotec 30

Kompaktfilter der Firma Oase. Ein Zweikammerfilter mit Schaumstoffpatronen. Dieser Filter ist in einem Koiteich meistens überfordert, für Quarantänebecken aber gut geeignet.

Biotron 72

UV-C-Lampe der Firma Oase

Bodeneinlauf

Dabei handelt es sich um eine handelsübliche Abflussmöglichkeit an der tiefsten Stelle des Teiches. Diese Einläufe dienen wahlweise zum Ablassen des Teiches, und/oder sie sind mit der Filteranlage verbunden. Dabei ist unbedingt darauf zu achten, dass die verwendeten Rohre nicht zu schwach (mindestens 100 mm im Durchmesser) gewählt werden.

Carbofol-Folie

Ähnlich wie ECB-Folie. Sie wird wie diese zum Abdecken von Flachdächern und zur Herstellung von Wasserspeichern verwendet.

Center-Vortex

Ein Kammerfilter, der seinen Namen nach der Anordnung des Vortex erhalten hat. Der Vortex befindet sich in der Mitte des im Grundriss quadratischen Filtergehäuses, und die vier Filterkammern liegen außen darum herum. Es gibt Center-Vortex aus V2a, GFK und PVC.

Cheops-Filter

Ein Schaumstoff-Filter der Fa. Filtertechnik H. Brüggert.

Clearwater Compact Filter

Ein Bodengrundfilter der Firma Clearwater, England.

Clearwater Papierfilter

Ein Papierfilter der Firma Kölle Zoo, mehr siehe Papierfilter.

Cyprio Pro-Filter Plus

Kompaktfilter der englischen Firma Cyprio.

ECB-Folie

ECB ist ein Ethylen-Copolymer-Bitumen. Sie wird im Baugewerbe zum Decken von Flachdächern, als Sperrlage gegen Grundwasser und für die Herstellung von Wasserspeichern und Jauchegruben verwendet und ist weitgehend UV-beständig. Ihre Festigkeit ist dank einer Glasvlieskaschierung mit einer Reißdehnung längs und quer von 435 bis 610 Prozent sehr hoch. Deshalb lässt sie sich im Teichbau besonders gut für aufgeschütteten und sumpfigen Untergrund und für Teiche mit steilen Wandungen einsetzen. Dank ihrer außerordentlich hohen Festigkeit verträgt sie auch hohe Belastungen durch große eingelegte Steine und bietet Wurzeln großen Widerstand. Das darf aber nicht darüber hinwegtäuschen, dass sie sich mit scharfen Gartengeräten, Spaten und Hacken beschädigen lässt. Das Schweißen von ECB-Folie ist nur mit speziellen Heißluft-Schweißgeräten bei Temperaturen von 600° möglich.

EPDM-Folie

Bei EPDM-Folie handelt es sich um Folie aus synthetischem Kautschuk, die in hohem Grade dehn- und reißfest ist. Sie ist z.B. bestens geeignet für Uferzonen, die durch schwere Steine belastet sind. Das Verbinden von Kautschukfolienteilen wird am besten durch Vulkanisieren oder Schweißen erreicht. Letztere Verbindungstechnik kann bis -5 °C angewendet werden. Kleben ist auch möglich, aber die Klebstellen machen nicht die hohe Dehnung wie das Grundmaterial mit, sodass die Klebstelle dadurch zerstört werden kann. Kautschukfolien haben eine ausgezeichnete Alterungs- und UV-Stabilität und sehr gute elastische Eigenschaften in einem großen Temperaturbereich (-40 bis +120 °C). EPDM-Folien sind ungiftig und gelten als wurzelfest.

Estro Sieve

Handelsbezeichnung für eine Filtersiebeinrichtung der Firma Estrad, Holland. Das eigentliche Filterelement besteht aus einem gebogenen Sieb mit sehr feinen Schlitzen. Solche Filter werden anstatt eines Vortex vor dem biologischen Teil der Filterung zum Zurückhalten von gröberem Schmutz eingesetzt. Es gibt Elektro Sieve in Schwerkraft- und in Pumpversion. Außerdem Siebe in verschiedenen Feinheitsgraden von 100 bis 600 Micron und in verschiedenen Breiten (25 und 50 cm).

Febi-Turbocleaner

Hierbei handelt es sich um einen Eiweißabschäumer der Firma Febi.

Filterbürsten

Filterbürsten sind sehr gut als Filtermaterial bei mechanischer Filterung in Absetzkammern geeignet und lassen sich gut durch Abspritzen mit Wasser reinigen. Wichtig ist, dass nicht zu wenige Filterbürsten eingesetzt werden, und dass sie sehr eng eingehängt werden. Es gibt Filterbürsten in verschiedenen Längen, verschiedenen Durchmessern und von verschiedenen Firmen.

Filterkohle

Filterkohle ist Aktivkohle mit hohem Absorbtionsvermögen. Sie bindet verschiedene schädliche Stoffe und wird auch z.B. zum Entfärben von gelblichem Wasser verwendet. Filterkohle kann nicht regeneriert werden, sondern muss nach einer gewissen Zeit durch neue ersetzt werden, da sie sonst die aufgenommenen Schadstoffe wieder abgibt. Aus diesen Gründen wird Filterkohle heute kaum noch angewendet.

Filtermatten

Filtermatten finden als Filtermaterial Einsatz in Mehrkammerfiltern. Natürlich können Matten aus verschiedenen Materialien verwendet werden. Am besten bewähren sich sogenannte Japanmatten, sie bestehen aus Fasermaterial und lassen sich gut durch Abspritzen mit Wasser reinigen. Sehr ungünstig bezüglich der Reinigungsmöglichkeiten sind dagegen Schaumstoffmatten. In größeren Dimensionen lassen sich diese sehr schwer reinigen.

Flocor

Kleine Plastikformstücke für Filter der Firma Cyprio.

Gelcoatschicht

Als Gelcoatschicht bezeichnet man die letzte, äußere Schicht beim Laminieren mit GFK (glasfaserverstärktem Polyester). Sie besteht aus reinem, für Teiche am besten schwarz eingefärbtem Polyester. Diese Schicht wirkt wie ein Lack, sie ist sehr glatt und bildet bei entsprechender Einfärbung einen guten UV-Schutz (maximal 20 Jahre).

GFK-Teich

So bezeichnet man Teiche mit einer Abdichtung aus glasfaserverstärktem Polyester in mehreren Lagen. Diese Technik der Teichabdichtung ist zwar eine teure, aber sehr haltbare Variante. Die UV-Beständigkeit bei geeigneter Gelcoat-Abschlussschicht beträgt etwa 20 Jahre. Durch zusätzlichen Schutz (Abdeckung) zur Vermeidung der Sonneneinstrahlung vor allem am Ufer ist die Lebensdauer aber wesentlich höher.

Green Machine

Handelsbezeichnung von speziellen Kompaktfiltern der Firma Hozeloch. Es gibt sie als Schwerkraft- oder als gepumpten Filter in verschiedenen Größen. Gefiltert wird über Bürsten, Schwammpatronen und eine Bioklärstufe mit Filtermaterial.

Hiblow

Hiblow ist eigentlich eine Bezeichnung für einen speziellen Durchlüftungspumpentyp einer japanischen Firma. Es handelt sich hierbei um robuste Membran-Luftpumpen mit sehr langer Lebensdauer. Auf demselben Prinzip basierend werden solche Geräte auch von anderen Firmen, z.B. aus China hergestellt. Wir kennen z.B. Hiblow 20, Hiblow 40, Hiblow 60, Hiblow 80, Hiblow 100 usw. Die Zahlen geben an, wie hoch die elektrische Leistung in Watt ist.

Japanmatten

Siehe Filtermatten

Kaldnes-Filterverfahren

Ein Filterverfahren aus der Trinkwasseraufbereitung, dabei übernehmen kleine, spezielle Plastik-Filterkörper, die durch eingeblasene Luft in Bewegung gehalten werden, die Filterung. Eine sehr wartungsarme, rein biologische Filtermethode.

Kautschukfolie

Siehe EPDM-Folie

Kemperol

Handelsbezeichnung eines sehr haltbaren Abdichtungsmaterials in flüssiger Form, das zusammen mit Glasfasermaterial verarbeitet zur Abdichtung von Dächern verwendet wird.

Kleeblattfilter

Ein Kammerfiltersystem aus PE der Firma Oasis, dessen vier runde Kammern in Form eines vierblättrigen Kleeblattes zusammenhängen.

KoiStabil

Ein spezielles Pulver der Firma Söll, das die Karbonathärte des Wassers anhebt und damit den pH-Wert stabilisiert.

Kunststoffbiomedium Cyprinal

Plastikformstücke für die Filterung.

Mehrkammerfilter

Mehrkammerfilter sind die verbreitetste Filterart, die bei ausreichender Größe sehr effektiv arbeitet. Sie bestehen aus mehreren, meistens drei bis vier, manchmal auch mehr Kammern, die mit verschiedenen Filtermaterialien gefüllt sind. Die ersten ein bis zwei Kammern (Absetz- und Bürstenkammer) dienen meist als mechanische Filter, während die folgenden als biologische Filter bezeichnet werden. Hier sorgen angesiedelte Bakterien für Abbau bzw. für die Umwandlung schädlicher in unschädliche Abfallstoffe.

Merlin

Muschelkalk zur Stabilisierung des pH-Wertes

Micron Siebelement

Siehe Estro Sieve

Multicontrol-Gerät mit Säuredosierung

Elektronisches Steuergerät der Firma Abele, mit dem durch automatische Zugabe von Salzsäure der pH-Wert konstant gehalten werden kann. Außerdem steuert es verschiedene andere Funktionen (z.B. Sauerstoff, Temperatur und Redoxpotential) und zeigt deren Zustand an.

Netzkammer und Netzfilter

Bei Netzkammerfiltern werden als Filtersubstrat eingehängte Netze (alte Fischernetze oder Laubschutznetze) verwendet. Die Netze verwirbeln die Wasserströmung im Filter, und der Schmutz setzt sich am Boden ab, wo er abgelassen werden kann. Der Vorteil bei der Verwendung von Netzen besteht in ihrer leichten Reinigungsmöglichkeit durch Abspritzen.

Nyara-Filter

Handelsname eines Mehrkammerfilters.

Oxydator

Oxydatoren eignen sich für die Sauerstoffanreicherung im Wasser. Am bekanntesten sind Söchting-Oxydatoren. Diese werden mit 6- bis 30-prozentigem Wasserstoffsuperoxyd (H_2O_2) gefüllt und geben es im Laufe der Zeit an das Wasser ab. Dabei spaltet sich das Wasserstoffsuperoxyd auf in Wasser (H_2O) und einwertigen Sauerstoff (O).

Ozon

Ozon, auch Trisauerstoff genannt, ist eine energiereiche Modifikation des Sauerstoffs mit chemischer Formel O3. Es ist ein stechend riechendes, hellblaues Gas, das bei elektrischen Entladungen (Funkenüberschlag), z.B. auch bei Gewittern (Blitzschlag) entsteht, und dessen Geruch noch in sehr großer Verdünnung wahrzunehmen ist. Ozon entsteht auch durch radioaktive Strahlung und durch Einwirken ultravioletter Strahlung, z.B. beim Betrieb von Quecksilberdampflampen (Höhensonne). Für die Herstellung von Ozon für Aquarien und Teichanlagen sind sogenannte Ozonisatoren im Handel, bei denen das Ozon durch stille Entladung erzeugt wird. Das dreiwertige Ozon ist nicht beständig, sondern zerfällt bei normaler Temperatur in normalen, zweiwertigen Sauerstoff (O_2) und besonders aggressiven, einwertigen Sauerstoff (O). Ozon ist das stärkste Oxidationsmittel und zerstört nahezu alle organischen Verbindungen. Großtechnisch verwendet man Ozon zum Entkeimen von Trink- und Badewasser. Im Teich wird es zur Sauerstoffanreicherung im Filter und damit zur Beschleunigung der Nitrifikation verwendet. Auch eventuell vorhandene Fäulnisherde werden durch den sehr aggressiven, einwertigen Sauerstoff schnell abgebaut.

Papierfilter

Bei einem Papierfilter wird durch ein spezielles Filterpapier, das in Rollen geliefert wird, gefiltert. Dabei wird das Papier von der Rolle abgewickelt und automatisch, entsprechend der Verschmutzung weitertransportiert. Die Filterwartung besteht im Wechsel der Papierrollen. Papierfilter sind rein mechanische Filter, die anstelle eines Vortex eingesetzt werden. Die biologische Filterung erfolgt nachgeschaltet.

Parazan

Parazan ist ein japanisches Medikament für Fische. Es gibt das pulverförmige Parazan, das in Wasser aufgelöst werden muss und das flüssige Parazan D. Beide wirken antibiotisch und sind hochwirksam bei Infektionskrankheiten von Fischen. Man kann diese Medikamente ins Wasser geben oder unter das Futter mischen. Sie können auch prophylaktisch und zur Desinfektion verwendet werden.

Patronenfilter

Richtig dimensionierte (große) Patronenfilter sind wahrscheinlich die derzeit am schnellsten wirksamen Filter. Viele Koiliebhaber sind begeistert von dieser Filterungsart. Man braucht bei Verwendung eines Patronenfilters keine weiteren Filter, auch keinen Vortex. Es gibt allerdings auch einige Koiliebhaber mit schlechten Erfahrungen. Das liegt daran, dass entweder zu wenige Filterpatronen eingesetzt werden, oder die Durchflussgeschwindigkeit zu hoch ist. In solchen Fällen verdrecken die Schaumstoff-Filterpatronen und lassen sich dann nur schwer reinigen. Nach Erfahrungswerten rechnet man zwei bis drei Filterpatronen in 50 cm Länge pro Kubikmeter Wasser. Wenn dann die Durchflussmenge gering genug ist, setzt sich auch nach Jahren kein Schmutz in den Patronen fest, und ihre Reinigung ist nicht erforderlich. Nur der auf dem Filterboden sich ansammelnde Schmutz muss von Zeit zu Zeit entfernt werden.

PE-Folie

Bei PE-Folie handelt es sich um Polyethylen. PE-Folie besteht aus weich eingestelltem PE und lässt sich nicht kleben, sondern nur schweißen. Das Schweißen von Polyethylenfolien ist nicht einfach und nur mit speziellen Einrichtungen und Erfahrungen möglich. PE-Folien mit Kunststoff-Gewebeverstärkung haben eine höhere mechanische Festigkeit. Prinzipiell ist PE aber weniger UV-beständig als PVC. Außerdem bricht PE-Folie leicht bei winterlicher Kälte und gleichzeitiger mechanischer Beanspruchung. Aber PE enthält keine Weichmacher wie PVC-Weichfolie. So ist PE bei Ausschluss von UV-Licht und mechanischer Zerstörung bei Kälte alterungsbeständiger als PVC-Weichfolie, die durch ständiges Auswandern des Weichmachers im Laufe der Zeit versprödet.

PEHD-Folie

Polyethylenfolie, siehe PE-Folie

PEHD-Platten

Hart eingestelltes Polyethylen in Plattenform.

Pflanzenfilter

Nur wenige wagten sich anfangs an Pflanzenfilter heran. Inzwischen werden es aber immer mehr Koiliebhaber, die die großen Vorteile dieser Filterungsart erkannt haben und sie anwenden. Während sogenannte biologische Filter mit Hilfe der sich ansiedelnden Bakterien nur schädliche Stoffwechsel-Abbauprodukte in unschädliche Verbindungen umwandeln, sind pflanzliche Filter in der Lage, sie völlig dem Wasser zu entziehen. So nehmen Pflanzen z.B. neben Stickstoff- und Phosphorverbindungen sogar Metallverbindungen, wie Eisen und Kupfer auf. Im Gegensatz zu bakteriellen Filtern, die schädliche Stoffe nur in unschädliche umwandeln, (der Vorgang ist umkehrbar) entfernen Pflanzenfilter diese aus dem Kreislauf (z.B. auch Nitrate).

PVC-Folie

PVC-Weichfolie ist nicht nur sehr gut geeignet, sondern liegt auch preislich am günstigsten. Sie ist sehr geschmeidig und legt sich auch an komplizierte Formen gut an. Vorteilhaft ist, dass sie sich nicht nur schweißen, sondern auch kleben lässt. Geschweißt wird am besten mit dem Heizkeil-Schweißverfahren. Für das Kleben kommt nur das sogenannte Quellschweißverfahren mit Tetrahydrofuran

(THF) in Frage. Normale PVC-Kleber sind nicht brauchbar, weil die Klebung im Laufe der Zeit durch Auswandern des in der Folie vorhandenen Weichmachers löst. Am besten geeignet ist UV-stabilisierte Folie, die mit einem Gewebe verstärkt oder mit Glasvlies oder Kunstfasergewebe kaschiert ist. Man sollte nur Folien für Teichbau oder für Lebensmittel geeignete Folien verwenden. Solche Folien enthalten keine giftigen Weichmacher, wie z.B. Ortho-Trikresylphosphat. Alle PVC-Weichfolien werden im Laufe der Zeit spröde durch Auswandern des 35 bis 40 Prozent betragenden Weichmacheranteils, und damit ist ihre Lebensdauer begrenzt.

Rieselfilter

Ein Rieselfilter arbeitet etwa dreimal so effektiv wie ein getauchter Filter. Dabei rieselt das zu filternde Wasser über das Filtersubstrat. Durch hohe Sauerstoffwerte können sich die Filterbakterien besonders gut entwickeln.

Sandfilter

Die von der Swimmingpooltechnik bekannten Sandfilter werden von verschiedenen Koiliebhabern als mechanische Schnellfilter verwendet. Um das Wasser durch den Sand zu drücken, sind starke Kreiselpumpen mit großer Förderhöhe (hohem Druck) und entsprechend hoher elektrischer Leistung erforderlich. Meistens werden solche Sandfilter zur Filterung von Koiteichen am Ende eines Kammerfilters eingesetzt, um restliche Schwebestoffe aus dem Wasser zu entfernen.

Sauerstoffgenerator

Der Einsatz von Sauerstoffgeneratoren erfreut sich immer größerer Beliebtheit, weil diese bei richtigem Einsatz eine wesentlich höhere Sauerstoffsättigung in den Teich bringen als Durchlüftungspumpen. Sauerstoffgeneratoren werden hauptsächlich in der Medizintechnik eingesetzt, haben aber einen recht hohen Stromverbrauch.

Schwerkraftfilter

Darunter versteht man Filteranlagen, denen das zu filternde Wasser vom Teich selbstständig zufließt. Dabei ist der Wasserstand im Teich und im Filter wegen des Prinzips „Kommunizierende Röhren" gleich hoch. Bei solchen Filtern befindet sich die Pumpe stets in der letzten Filterkammer oder im Anschluss an die letzte Filterkammer und pumpt das Wasser in den Teich zurück. Wegen des Wasserwiderstandes im Filtermaterial wird zwischen erster und letzter Filterkammer immer ein Wasserstandsunterschied von wenigen Zentimetern im Filter bestehen.

Siporax

Ein Filtermaterial, das aus gesintertem Glas besteht und dadurch eine besonders große Oberfläche zum Ansiedeln der Filterbakterien hat.

Skimmer

Skimmer (to skim = abschöpfen) werden verwendet, um auf der Teichoberfläche herumschwimmende Partikel (z.B. Laub), die nur schlecht oder gar nicht untergehen, abzusaugen und dem Filter zuzuführen.

UV-C-Lampen

UV-C-Lampen sind in der Koihaltung sehr verbreitet. Sie reduzieren durch ihre bakterienabtötende Wirkung die Keimzahl im Teich. Dieser Effekt ist zwar bei den allgemein handelsüblichen Geräten relativ gering. Wichtiger für die Koiliebhaber ist, dass man mit UV-C-Lampen das lästige Grünwerden des Teiches durch Schwebealgen vermeiden, bzw. bekämpfen kann. Es gibt Geräte mit verschieden großen Durchflussleistungen und damit auch unterschiedlichen elektrischen Leistungen. Als Faustformel für die Leistungsgröße der einzusetzenden UV-C-Lampen gilt mindestens ein Watt pro Kubikmeter Wasser.

Venturidüsen

Venturidüsen werden eingesetzt, um dem Teichwasser mehr Sauerstoff zuzuführen. Sie sind eine billige Investition, da man mit ihrem Einsatz eine Luftpumpe sparen kann. Am häufigsten werden sie auf das Zuführungsrohr aufgesetzt, durch das das gefilterte Wasser wieder in den Teich zurückgepumpt wird. Die Förderleistung der Umwälzpumpe sinkt dabei allerdings erheblich. Das Prinzip beruht darauf, dass durch den Wasserstrom Luft von der Wasseroberfläche mitgerissen wird und sich mit dem Wasser im Teich vermischt. Der Einsatz von Venturidüsen ist umstritten. Man rät davon ab, weil durch Venturidüsen das CO_2 ausgetrieben wird. Das führt besonders bei weichem, schlecht gepuffertem Wasser mit niedriger Karbonathärte zum Ansteigen des pH-Wertes und damit zum Wachstum von Fadenalgen. Es wird auch behauptet, dass es besonders bei mit reinem Sauerstoff betriebenen Venturidüsen zu Sauerstoffübersättigung kommen kann.

Wärmetauscher

Wärmetauscher dienen zu Erwärmung des Teichwassers. Es gibt elektrische Wärmetauscher und Wärmetauscher, die an ein zentrales Heizsystem, z.B. an die Hauszentralheizung angeschlossen werden.

Premium KoiStabil® - Oft kopiert, nie erreicht!

Söll

PREMIUM

KOISTABIL®
In 15 Minuten messbar besseres Wasser

Vitale Fische mit kräftigen und leuchtenden Farben

Sofort stabile, artgerechte Karbonathärte und pH-Werte

Brillantes, artgerechtes Teichklima

Neutralisiert Ammoniak und Schadmetalle

Europäisches Patent Nr. 0 737 169

Nicht überdosierbar

10 kg für 100.000 Liter

Premium KoiStabil® hält, was der Name verspricht: ein stabiles Teichklima für Koi und andere anspruchsvolle Teichfische durch einen dauerhaft artgerechten pH-Wert und eine stabile Karbonathärte.

Premium KoiStabil® ist wirksam bei Vergiftungen durch Nitrit, Ammoniak und Schwermetalle. **Premium KoiStabil®** bindet überschüssiges Kohlendioxid, das die Sauerstoffaufnahme Ihrer Koi beeinträchtigen würde. Ihre Fische werden vitaler, widerstandsfähiger und zeigen ihre leuchtendsten Farben.

Söll

Söll GmbH
Fuhrmannstraße 6 • 95030 Hof

Wir beraten Sie gerne: 0 92 81/72 85-0
Weitere Produkte unter www.soelltec.de

Wichtige Adressen

Die vorgestellten Anlagen wurden (soweit mir bekannt) gebaut von:

Firma Steffen Anders
Planung und Bau von Teichen und
Filteranlagen
Rosenweg 17
04838 Sprotta
Tel. 0177/2644345

Firma Koi-Bauer
Koi und Zubehör
Angerfleck 10, Zinsenzell
94344 Wiesenfelden
Tel. 09966/1242
Fax   /1211
www.koi-bauer.com
info@koi.bauer.com

Peter Boehrer
Filter- und Teichbau,
Koi und Zubehör
Weierwies 6
CH-9213 Hauptwil, Schweiz
Tel. 0041/71-4222974
Betrieb: 0041/71-4222917
Fax 0041/71-4222953

Kölle-Zoo GmbH
Gottlieb-Daimler-Str. 9
74076 Heilbronn
Tel. 07131792290
www.koelle-zoo.de

Firma MECKOI
Josef Bertram GmbH
Koi und Zubehör
Wißfeldstr.62
53340 Meckenheim
Tel. 02225/4028

Hans Peter Ebener
Firma Japan Koi Garten
Teich- und Filterbau, Koihandel
Flurwiesen5
54472 Veldenz
Tel. 06534/1312
Fax 06534/1312

Firma Bohlmann Teichgarten
Hauptstr. 24b
04567 Hainichen
Tel. 034347/51304
Internet: www.nipponkoi.de

Firma Konkoi-Pardies
Von-Bobenhausen-Str.4
97502 Euerbach-OT Obbach
Tel. 09726/1004

Kölle-Zoo GmbH
Schieberdinger Str. 230
70435 Stuttgart
Tel. 0711/9809980
www.koelle-zoo.de
www.livingwithwater.de

Torsten Paschedag
Japanische Gärten und Koiteiche
Von-Scholl-Str. 40
3332 Gütersloh
Tel. 05241/56092

Jaroslav Pišl
BonsaiCentrum Libcany
50322 Libcany 137
Tschechien
Tel. 0042049/571430
      (5585430)

Friedrich Schenk
Gartengestaltung, Wassertechnik,
Teichzubehör, Japanische Koi
Hauptstr. 70
55758 Kempfeld
Tel. 0171/8291642
Fax 06786/970100

Nishikigoi Schlegel
Jahnastr. 25a
01662 Meißen
Tel. 03521/402156
Fax 03521/402157
www.naturteiche.de
SternGarten – Kreative Garten-
und Wasserwelt
Marienfelder Str. 109
33330 Gütersloh
Tel. 05241/220760
Fax 05241/2207620

Reinhold Borsch
Koiteich-Bau
Teehäuser
Garten-Landschaftsbau
Naturstein-Arbeiten
Honnendorp 46a
47906 Kempen
Tel. 02152/80262
Fax 02152/893339
Mobil: 0172/9149638
info@koiteiche.com
www.koiteiche.com

Floors Koi Shop
Ritthemsestraat 9
4388 JM Oost-Souburg
Niederlande
Mobil: 06-54927845
Fax 0118-466539
info@floorskoishop.nl
www.floorskoishop.nl

Koi und Teichbau Hößler
Auf der Kämpe 6
45896 Gelsenkirchen
Tel. 0209/3187190
Fax 0209/3185277

Bernhard Kaufmann
Koi Farm GmbH
Austr. 2
CH-5313 Klingnau, Schweiz
Tel. 0041/56-268000
Fax 0041/56-2458169
koi-farm@swissonline.ch
www.koi-farm.ch

Karl-Heinz Kunath
Filtertechnik
Im Rauland 173
50127 Bergheim
Tel. 02271/980186

Michael Neyses GmbH
Garten- und Landschaftsbau
Alte Poststr.29
56859 Bullay/Mosel
Tel. 06542/22850
Fax 06542/21074
neyses @t-online
www.neyses.de

Pius Notter
Bonsai und japanische
Gartenelemente
Bau von Japanischen Gärten
Chäsiweg 3
CH-5623 Boswil
Tel. 0041/566662420
Fax 0041/566661292

Koi Farm Praha
Nesmericka 398
19016 Praha 9 – Ujezd nad Lesy
Tschechien
Tel. 004202/81972777
novak@koifarm-praha.cz
www.koifarm-praha.cz

Steppan Kunststoffbau
Groß- und Einzelhandel, Industrie-
technischeTeile, Behälterbau,
Teichbau, Filterbau, Filterzubehör,
Boschstr. 6
46244 Bottrop
Tel. 462045/83534
Fax 02045/83163

Koi Park Thomas
Teichbau, Beratung, Planung,
Filter, Pumpen, Steinlaternen
Am Schulzehnten 5
63546 Hammersbach
Tel. 06185/890066
Fax 06185/890067

Uentz GmbH
Holz im Garten, Innenausbau,
Teichbau & Technik,
Japanische Koi
Sielower Landstr. 67
03044 Cottbus
Tel. 0355/87740
Fax 0355/861415

Thomas und Gabriele Vogel
Teichbau & Gartenteich-Center
Vogel & Vogel GbR,
Koizucht
Dorfstr. 57
99441 Lehnstedt
Tel. 036453/890584

Herbert Blasczyk
Koi und Teichzubehör
Auf der Heiden 2
79793 Wutöschingen-Schwerzen
Tel. 07746/91277
herbert@blasczyk.de

KOITEC
André Ahrens e.K.
Teichanlagen und Shop
Moorweg 24
24568 Oersdorf
Tel. 04191/958275
Fax 04191/4108
info@koitec.de
www.koitec.de

Frank Busch
Bonsai Park Remscheid
Kölner Str. 112
42897 Remscheid
Tel. 02191/590570
Fax 02191/65924
Mobil: 0170/4571915
info@bonsaipark.de

Wo erhält man Unterstützung
und Beratung?

Koi Liebhaber am Niederrhein 1991 e.V.
KLAN-Geschäftsstelle
Kempener Allee 8
D-47803 Krefeld
Tel. 02151/761876
Fax 02151/760633
Internet: www.koiklan.de

Das ideale Ganzjahres-Futter für höchste Ansprüche

PREMIUM

KOI-FOOD SUPREME

- Leicht verdaulich
- Schafft Energiereserven
- Stärkt die Abwehrkräfte
- Enthält Omega 3- und 6-Fettsäuren

Das Alleinfutter **Organix® Premium Koi-Food Supreme** enthält wichtige Eiweiße und natürliche Fettsäuren in einem ausgewogenen Verhältnis.

Spurenelemente und Vitamine sorgen für eine ideale Nährstoffversogung bei leichter Verdaulichkeit – die Tiere werden nicht unnötig belastet.

Söll GmbH
Fuhrmannstraße 6 • 95030 Hof

Wir beraten Sie gerne: 0 92 81/72 85-0
Weitere Produkte unter www.soelltec.de

Alphabetisches Verzeichnis der Anlagenbesitzer